ଲାଲ କରବୀ'ର ମାୟା

ଲାଲ କରବୀ'ର ମାୟା

ସରୋଜକାନ୍ତ ଚୌଧୁରୀ

BLACK EAGLE BOOKS
2020

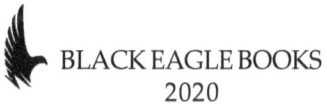

BLACK EAGLE BOOKS

USA address:
7464 Wisdom Lane
Dublin, OH 43016

India address:
E/312, Trident Galaxy, Kalinga Nagar,
Bhubaneswar-751003, Odisha, India

E-mail: info@blackeaglebooks.org
Website: www.blackeaglebooks.org

First International Edition Published by
BLACK EAGLE BOOKS, 2020

LAL KARABI RA MAYA
by **Sarojkanta Choudhury**

Copyright © **Sarojkanta Choudhury**

All rights reserved. No part of this publication may be reproduced, stored in a retrieval system, or transmitted, in any form or by any means, electronic, mechanical, photocopying, recording or otherwise without the prior permission of the publisher.

Cover & Interior Design: Ezy's Publication

ISBN- 978-1-64560-134-0 (Paperback)

Printed in United States of America

ଯାହାର ପ୍ରୀତି ପ୍ରଚ୍ଛାଦନରେ
ଏ କବିତା ସବୁ ସମୃଦ୍ଧ
ସେଇ ମୋର ଜୀବନସାଥୀ
ଜଲ୍ଲୀକୁ ...

ଅଭିମତ

ବିଶିଷ୍ଟ କବି ଶ୍ରୀ ସରୋଜ କାନ୍ତ ଚୌଧୁରୀଙ୍କ ଦ୍ୱାରା ଲିଖିତ ଏହି କବିତା ସଂକଳନଟି ପଢ଼ିବାର ସୁଯୋଗ ମିଳିଲା। ଶ୍ରୀ ଚୌଧୁରୀ ଜଣେ ପ୍ରଶାସନିକ ଅଧିକାରୀ ଭାବରେ ଓଡ଼ିଶାର ବିଭିନ୍ନ ସ୍ଥାନରେ ଅବସ୍ଥାପିତ ହୋଇ ବହୁ ଚରିତ୍ରର ଲୋକଙ୍କୁ ଭେଟି ବହୁ ତିକ୍ତ-ମଧୁର ଅନୁଭୂତି ସଂଗ୍ରହ କରିଛନ୍ତି। ସେଇ ଅନୁଭବ ସବୁକୁ କଳ୍ପନାର ପ୍ରଲେପ ଦେଇ ଅତି ଚମତ୍କାର ଶୈଳୀରେ ରୂପ ଦେଇଛନ୍ତି ଏହି ସବୁ କବିତାଗୁଡ଼ିକରେ। କବିଙ୍କର ଜୀବନ ଦର୍ଶନ, ଚରିତ୍ର ଚିତ୍ରଣ, ବିରହ ଯନ୍ତ୍ରଣା, ପ୍ରେମାନୁଭବ, ସାମାଜିକ ଦୃଷ୍ଟିଭଙ୍ଗୀ ଏବଂ ଶବ୍ଦର ଚାତୁରୀ ବେଶ୍ ରୁଚିପୂର୍ଣ୍ଣ ଏବଂ ପ୍ରଭାବଶାଳୀ। ପ୍ରେମର ସ୍ମୃତି କେତେ ଗଭୀର ତା'ର ଚିତ୍ର ଦେବାକୁ ଯାଇ କବି ନିଜ ପ୍ରତିଭାର ପରିଚୟ ଦେଇଛନ୍ତି।

'ତମେ ଏବେ ସଖୀ ଯୋଜନ ଦୂରରେ
କରିଛ ଆକାଶେ ଘର
ପ୍ରେମ ପଉଷର ରାତିର ଜହ୍ନରେ
ଦେଖେ କିନ୍ତୁ ବାରବାର।'

XXX

'ମନ ଉପବନେ ଲାଗିଗଲା ନିଆଁ ଲିଭିବାର ଆଶା ନାହିଁ
ଅପବାଦ ସିନା ରଟନ୍ତି ସଭିଏଁ, ପ୍ରେମର ବିକଳ୍ପ ନାହିଁ।'

ପ୍ରେମର ମୃତ୍ୟୁ ନାହିଁ, ପ୍ରେମର ବିକଳ୍ପ ନାହିଁ। ପ୍ରେମ ବଞ୍ଚେ ଯୁଗ ପରେ ଯୁଗ। ଏ ଜନ୍ମରେ ମିଳନ ନହେଲେ ଆର ଜନ୍ମକୁ ଅପେକ୍ଷା କରିବାକୁ ହୁଏ।

'ଏ ଜନ୍ମ ଯାଇଛି ଯାଉପଛେ ସରି, ତୁମ ଅନୁଭବ ନେଇ
ପ୍ରେମ ପୁଷ୍ପାଞ୍ଜଳି ସତେକି ପାଇବି, ସମାଧି ଭିତରେ ରହି।'

ଯିଏ ପ୍ରକୃତ ନିଷ୍ପାପର କବି ସେ କେବେ ପ୍ରଶଂସା କିମ୍ବା ପୁରସ୍କାର ପାଇଁ ଅପେକ୍ଷା ରଖେନା। ଲେଖିଯାଏ ନିଜକୁ ଭୁଲିବା ପାଇଁ, ରାତି ରାତି ଉଜାଗର ରହି ଶବ୍ଦ ଖୋଜୁଥାଏ ନିଜର ମାନସିକ ସନ୍ତୋଷ ପାଇଁ। ସେ ଚାହେଁ, ତାର ଭାଷା ପ୍ରେମିକାର ସ୍ୱର ଭିତରେ ଏକାକାର ହୋଇଯାଉ; ସେଇ ତା'ର ସାର୍ଥକତା। କବି ଶ୍ରୀ ଚୌଧୁରୀଙ୍କ ଭାଷାରେ -

ମୁଁ ଚାହେଁନି କେବେ ମୋ ଭାଷା ଭାବନା
ମୁଦ୍ରଣରେ ପରକାଶ
ମୁଁ ଚାହେଁନି କେବେ ଶୁଷ୍କ ସମୀକ୍ଷାରେ
ବଢିଯାଉ ମୋର ଯଶ।

କବିଙ୍କର ଶେଷ ଇଚ୍ଛା ବେଶ୍ ମାର୍ମିକ ଏବଂ ମନଛୁଆଁ। ତାହା ଏହିପରି -

'ଭଲ ପାଇବାର ସିକ୍ତ ମାଧୁରୀ
ଲାଲ କରବୀ ଫୁଲର ସ୍ପର୍ଶ
ରକ୍ତିମ ଅଧରର କୋମଳ ଚୁମ୍ବନରୁ
ଖୋଜୁଥିବି ବଞ୍ଚିବାର ମୋହ।'

ଶବ୍ଦ ଚୟନ, ଭାଷା, ଶୈଳୀ, ଆବେଦନ ଦୃଷ୍ଟିରୁ ପ୍ରତ୍ୟେକଟି କବିତା ବେଶ୍ ସୁଖପାଠ୍ୟ ଏବଂ ଉଚ୍ଚକୋଟୀର। ବହିଟି ପାଠକୀୟ ଆଦର ଲାଭ କରିବ ବୋଲି ମୋର ବିଶ୍ୱାସ।

କବି ଶ୍ରୀଯୁକ୍ତ ଗୌର ପଟ୍ଟନାୟକ

ବିଶିଷ୍ଟ ଗୀତିକାର ଏବଂ ଓଡ଼ିଶା ସାହିତ୍ୟ ଏକାଡେମୀ ଓ
ଓଡ଼ିଶା ସଙ୍ଗୀତ ନାଟକ ଏକାଡେମୀ ପୁରସ୍କାର ପ୍ରାପ୍ତ

କିଛି କଥା, କିଛି ଅଭିବ୍ୟକ୍ତି

ବୟସର ଉଷ୍ମ ପାହାଚ ଉପରେ ପାଦରଖି ପ୍ରେମ ପ୍ରୀତିର ପରଶରେ ରଂଗାୟିତ ହେଲାବେଳେ କଥା ଯେମିତି କବିତା କବିତା ହୋଇ ଆତ୍ମପ୍ରକାଶ କରେ । ପ୍ରେମର ପରିଭାଷା ହୋଇଯାଏ କବିତା । ସେଇ ବୟସର ଉଷ୍ମ ନିବିଡ଼ତାର କଥା ସବୁ ଏଇ କବିତାଗୁଚ୍ଛ । ପ୍ରାୟ ଗୋଟାଏ ଦଶନ୍ଧିର ବିସ୍ମୃତିରେ ତରଙ୍ଗାୟିତ, ଅନୁରକ୍ତିର ସ୍ୱୀକାରୋକ୍ତିରେ ସିକ୍ତ ଏବଂ ସ୍ୱପ୍ନସିକତାରେ ପରିବ୍ୟାପ୍ତ । ଛନ୍ଦୋବନ୍ଧ ଏବଂ ତନ୍ମଧ୍ୟରୁ ଅନେକ ଗୀତିକବିତା ପର୍ଯ୍ୟାୟରେ ପରିଚିତ ହେବାକୁ ଯୋଗ୍ୟ ।

ଏଠାରେ ରୀତିଯୁଗୀୟ ପଦପାତରେ କବିତାକୁ ରୂପ ଦେବାର ଅଭିଳାଷ ବହୁଳାଂଶରେ ଆଧୁନିକ ଧାରା ଦ୍ୱାରା ହୁଏତ ପ୍ରଭାବିତ । ସେମିତିବି ଓଡ଼ିଆ ପ୍ରେମ କବିତାରେ ମୁକୁଟବିହୀନ ସମ୍ରାଟ ମାନସିଂହଙ୍କୁ ଅନୁସରଣ କଲାବେଳେ ନିଜ ଇଚ୍ଛାରେ ଅମଡ଼ା ବାଟକୁ ଆପଣେଇବାରେ ସଦା ଉଦ୍ୟତ । ଏଇଥିପାଇଁ ଯେ ମୌଳିକତାର ଆଲେଖ୍ୟ ସହ ନିଜର ଏକ ଭିତ୍ତି ସଜାଡ଼ିବାକୁ ହେବ, ଛୋଟ ହେଉପଛେ, ଅନ୍ଧ ଅନୁସରଣରେ ନୁହେଁ ।

କବିତା ରଚନାରେ ରୋମାଣ୍ଟିସିଜିମ୍ ହୁଏତ ଏକ ସ୍ୱାଭାବିକ ପୃଷ୍ଠଭୂମି । ପ୍ରେମ ପ୍ରଣୟର ଭାବନା ହୁଏତ କବିତାର ମୁଖ୍ୟସ୍ୱର । ସଂକଳନରେ ସ୍ଥାନିତ କବିତାଗୁଡ଼ିକରେ ତାହା ହିଁ ଘଟିଛି । ନିବିଡ଼ ଆତ୍ମୀୟତା ଏବଂ ଅନ୍ତରଙ୍ଗ ଅନୁଭବରେ ସେଗୁଡ଼ିକ ସମୃଦ୍ଧ ଓ ବିତ୍ତଶାଳୀ ବୋଲି ଅନ୍ତତଃ ମୁଁ ମନେକରେ । ପ୍ରଥମ କବିତାଠାରୁ ଶେଷ କବିତାର ଦୂରତ୍ୱ ସମୟର ମାପକାଠିରେ ଅନେକ ବେଶି, ପ୍ରାୟ ଏକ ଦଶନ୍ଧି ବା ତଦୂର୍ଦ୍ଧ୍ୱ, ଯଦ୍ଦ୍ୱାରା ବୟସ ବା ସମୟ ପ୍ରବାହରେ ସେସବୁରେ ଆତ୍ମିକ ଆଲୋଡ଼ନ ଏବଂ ସ୍ୱୀକାରୋକ୍ତି ଅଧିକ ସ୍ପଷ୍ଟ, ସ୍ୱଚ୍ଛ, ଦୃଢ଼ ତଥା ରସାଣିତ ।

ପ୍ରିୟ ପାଠକମାନଙ୍କୁ "ଲାଲ କରବୀ'ର ମାୟା" ଭେଟି ଦେଉଛି । ନିର୍ଭେଜାଲ୍ ପାଠକୀୟ ସ୍ୱୀକୃତିରେ ଉପରୋକ୍ତ ଆଶା ମୋର ସ୍ୱପ୍ନ ନ ହୋଇ ବାସ୍ତବ ହୋଇଉଠୁ ଏହା ହିଁ କାମନା ।

ସରୋଜକାନ୍ତ

କବିତା କ୍ରମ

ସେ ମୋର ପ୍ରଥମ ପ୍ରେମିକା	:	୧୫
ତମ କଥା ଭାବିବାକୁ ଭଲ ଲାଗେ	:	୧୯
ତମ କଥା ଭାରି ମନେପଡ଼େ	:	୨୦
ତମେ ଟିକେ ଆସିବକି	:	୨୩
ପ୍ରିୟା ପାଇଁ ଚିଠି	:	୨୫
ପ୍ରୀତିର ସନେଟ୍‌-୧	:	୨୭
ସେଇ ସ୍ୱପ୍ନ ମୋର ଏକାନ୍ତ ନିଜସ୍ୱ	:	୨୮
ଏ ସହର ଆଜି ଯାଉଛି ଛାଡ଼ି	:	୩୧
ତୁମ ପାଇଁ ସ୍ୱପ୍ନ ଋତୁରେ ଋତୁରେ	:	୩୩
କେମିତିକା ଜହ୍ନ ତୁହି ...	:	୩୬
ତୁମ ଆଖିର ଭାଷାରୁ ମନ ମୁଁ ପଢ଼ିଲି	:	୩୮
ଆଖିରେଆଖିରେ ତୁମରି ଆଖିରେ	:	୪୦
ଏଇ ଉପବନ ଧାରେ	:	୪୨
ବର୍ଷାରାଣୀ, ଆଞ୍ଜୁଳାଏ ଶୀତଳତା ଲୋଡ଼ା	:	୪୫
କୃଷ୍ଣଚୂଡ଼ା	:	୪୭
ପ୍ରୀତିପର୍ଣ୍ଣା ତମ ପାଇଁ	:	୪୮
ଆସିବ ହେ ବନ୍ଧୁ	:	୫୦
ଚାରୁଲତା : କିଛି ଇଚ୍ଛା କିଛି କଥା	:	୫୨
ବର୍ଷା ଭିଜା ଭାଲେଣ୍ଟାଇନ୍‌ ଡେ	:	୫୪
ଗଲାପରେ ଏଠୁ	:	୫୬
ଚିଠିଟିଏ	:	୫୯
ତୁମେ ନାହଁ ସଖୀ ହାତ ପାଆନ୍ତାରେ	:	୬୧
ଦୁଃଖ ବାଟ ଦେଇ ଦୁନିଆ ଦେଖିଛି	:	୬୪
ସୀମାହୀନ ଏଇ ସାଗର ବେଳାରେ	:	୬୫

ନରମ ଓଠର ନିରବତା ତଳୁ	:	୬୬
ସେ ମୋର ପ୍ରିୟା	:	୬୭
କବିତା କୋଳରେ ତମର ସ୍ମୃତି	:	୬୮
ପ୍ରିୟା ହସେ ସେଠି	:	୬୯
ଅଳସ ଆଖିରେ ଘୁମନ୍ତ ସହର	:	୭୧
ତମେ ସ୍ୱପ୍ନ ଶାମୁକାର ମୁକ୍ତା	:	୭୩
ମାଟି ଓ ଆକାଶ	:	୭୫
ବର୍ଷା, ପ୍ରେମମୟୀ	:	୭୭
କଥା ରଖିଥାଅ ପ୍ରିୟା	:	୭୯
ଶେଷ ଚିଠି	:	୮୨
ନିରବତା ଅନ୍ତର ତଳର କଥା	:	୮୫
ବାଲିଯାତ୍ରା, ବାଲିଘର	:	୮୭
ନୀଳ ଜହ୍ନରାତିର ସ୍ୱପ୍ନ	:	୮୯
ଏଇ କଥା ଥିଲା	:	୯୧
ସମୟ ରହିଛି ସାକ୍ଷୀ	:	୯୨
ସତେ ହସିଉଠ ଏବେ	:	୯୩
ପ୍ରେମ ପୁଷ୍ପାଞ୍ଜଳି	:	୯୪
ଅଶ୍ରୁଗୋ ତୁମେ...	:	୯୫
ଅଭୁଲା ତୁମର ହସ	:	୯୬
ପ୍ରିୟାଗୋ...	:	୯୭
ଆଗୋ ନୀଳକଇଁ ...	:	୯୮
ବର୍ଷାଗୋ ... (୧)	:	୯୯
ବର୍ଷାଗୋ ... (୨)	:	୧୦୦
ପ୍ରୀତିର ସନେଟ୍ - ୨	:	୧୦୧
ପ୍ରୀତିର ସନେଟ୍ - ୩	:	୧୦୨
ସ୍ୱଗତୋକ୍ତି	:	୧୦୩
ବିରହର ସ୍ୱର	:	୧୦୫
ଅଭିସ୍ମା	:	୧୦୬
ରଜନୀଗନ୍ଧା	:	୧୦୭
ଲାଲ କରବୀ'ର ମାୟା	:	୧୦୮

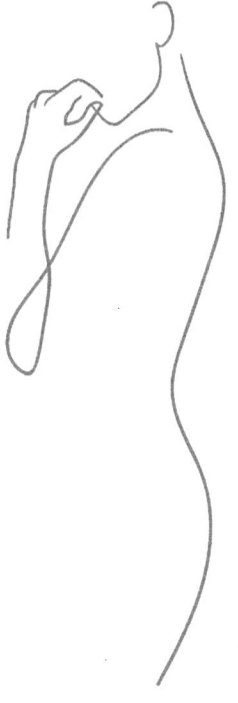

ସେ ମୋର ପ୍ରଥମ ପ୍ରେମିକା

ଆସିଥିଲା ଯେବେ ସେ ମୋ
ମନର ପ୍ରଥମ ଦରଜା ଦେଇ,
ଭିଜୁଥିବା ବର୍ଷାରେ
ଦେହ ତା'ର ଶୁଖାଇବା ପାଇଁ ।

ମୋ ଜୀର୍ଣ୍ଣ କୁଟୀର ମଧ୍ୟେ
ଦେଇଥିଲି ତାକୁ ଆଶ୍ରା,
ନ ଦେବାର ପ୍ରଶ୍ନ ନ ଥିଲା ତା' ପାଇଁ ।

ହେଲେ ଜଳିବାର ନିଆଁ
ମୋ ପାଶେ ନ ଥିଲା
ବର୍ଷା ବିନ୍ଦୁ ତା' ଦେହରୁ
ଶୁଖାଇବା ପାଇଁ ।

ସେ ମୋର ପ୍ରଥମ ପ୍ରେମିକା ।

ତା' ଭିଜା ଦେହର ବର୍ଷାବିନ୍ଦୁ,
ମୋ ଆଖିରେ ଖାଲି ଯାହା
ଅଶ୍ରୁ ହୋଇଗଲା ।

ମୋ ମନର ଶୁଖିଲା ପତ୍ରରେ
ତା' ଦୁଃଖର ଗାଥା ଖାଲି
ଯାହା ମର୍ମରିତ ହେଲା ।

ଆସିଥିଲା ସିଏ
ଚଲାପଥେ ଭେଟି
ସାଥେ ମୋର ଯିବା ପାଇଁ
ସାଥିରେ ମୁଁ ଚାଲିବାକୁ ଦେଲି ତାକୁ
ନ ଦେବାର ପ୍ରଶ୍ନ କଲି ନାହିଁ ।

ସେ ମୋର ପ୍ରଥମ ପ୍ରେମିକା ...
ଆସି ନ ଥିଲା ସେ ମୋ ପାଖକୁ ଆପେ
ଖସିଥିଲା ପକ୍ଷୀର ଶାବକ
ଭଳି ଜନନୀ ଚଞ୍ଚୁରୁ ।

ଅଙ୍ଗେ ଥିଲା ପୀଡ଼ନର ଅନେକ ସ୍ୱାକ୍ଷର
ବଞ୍ଚିବାର ସ୍ୱପ୍ନସବୁ ହଜିଥିଲା
ତା' ଏଣୀ ଆଖିରୁ ।

ମୁଁ ଭିକ୍ଷୁକ,
କରିଥିଲି କିଛି ଶୂନ୍ୟ
ତା' ପାଇଁ ମୋ ଭିକ୍ଷା ଥାଳରୁ,
ଯନ୍ତ୍ରଣାର ଖରାତାତି ତଳେ
ସଂଗୃହିତ
ରାଜପଥ ଅଥବା
ପ୍ରାଚୀର ପାର୍ଶ୍ୱରୁ ।

କଙ୍କରିତ ରାସ୍ତାପରେ
ଅନଭିଜ୍ଞ ପାଦ ତା'ର
ବାରବାର ଝୁଣ୍ଟୁଥିଲା,
ସିଧା ସଳଖିବାରେ ତାକୁ
ହାତ ମୋର
ବାରବାର ବଢୁଥିଲା
ସେ ମୋର ପ୍ରଥମ ପ୍ରେମିକା ।

ଶୁଣିଥିଲି କହୁଥିଲା।
ତମ ସାଥେ ଚାଲୁଥିବି ଜୀବନଟା ପାଇଁ
ବାରବାର ଝୁଣ୍ଟିଲେ ବି
କହୁଥିଲା ତମେ ଅଛ ମୋ ପାଇଁ ।

ମନ ଗହନରେ ସେବେ ଖେଳିଥିଲା
ମଳୟ ହିଲ୍ଲୋଳ
ଭରିଥିଲା ଚିତ୍ରିତ କୁସୁମ ।
ଅବଶେଷେ ହଜିଗଲା କିନ୍ତୁ
ଅଳସ ରାତିର
ମଧୁଭରା ସ୍ୱପ୍ନସମ ।

ବୟସର ଉତ୍ତୀର୍ଣ୍ଣ ବେଳାରେ
ମୁଁ ଆଜି ଏକାକୀ
ଅତୀତକୁ ରୋମନ୍ଥନ କରେ ।
ସେ ମୋର ପ୍ରଥମ ପ୍ରେମିକା ।

ତମ କଥା ଭାବିବାକୁ ଭଲଲାଗେ

ତମ କଥା ଭାବିବାକୁ ଭଲଲାଗେ
ନିଦୁଆ ଆଖିରେ
ସକାଳର ସ୍ୱପ୍ନ ମଧ୍ୟେ
ଅବା ଖରାବେଳ କାର୍ଯ୍ୟ ବିରତିରେ ।

ତମ ସାଥେ ଗପିବାକୁ ଭଲ ଲାଗେ,
ଗପ କିନ୍ତୁ ବିସ୍ଫୋରିତ ହେବା
ଭୟରେ ମୁଁ ସାଙ୍କୁଡ଼େଇ ଯାଏ ।

ପାଖାପାଖି ଥିଲେ
ସାମାନ୍ୟ ଦୂରେଇ ଯାଇ
ଭାବିବାରେ ତମ କଥା
ସତରେ ଭାରି ଭଲ ଲାଗେ ।

ଚିତ୍ର କଳାଭଳି ଓଠର ଧାରକୁ
ଭାବିବାକୁ ଭଲ ଲାଗେ
କାହିଁକି କେଜାଣି
ଦୂରେ ଥିଲେ
ତୁମ ଦେହର ବାସନା,
ଅଥବା ମଧୁଝରା ଭାଷା
ମୋତେ ବିମୋହିତ କରେ ।
କାହିଁକି କେଜାଣି

ତମକଥା ଭାରି ମନେପଡ଼େ

ସ୍ମୃତିର ଅଡୁଆ ସୂତା
ଖୋଲୁଥିଲା ବେଳେ
ତମକଥା ଏବେ ମୋର
ଭାରି ମନେପଡ଼େ ।

ଦୂରରେ ପୃଥିବୀ ଆକାଶ
ମିଶିଥିବା କୁହୁଡ଼ିଆ
ଦିଗ୍‌ବଳୟ ତଳେ,
ସୂକ୍ଷ୍ମ ନିଖୁଣ
ଯେମିତି ପ୍ରତିମୂର୍ତ୍ତିଟିଏ ।

ସତରେ ଭାରି ମନେ ପଡ଼େ ...
ହାଉଯାଉ ମଣିଷ ମେଳାରେ
ହଜିଗଲ,
ଚାଲିଗଲ କାହିଁ କେତେଦୂର ।

ସତେ କିବା ରାସ୍ତା ଭୁଲିଗଲ
ଅଥବା
ଭାବିଚିନ୍ତି କଲ ସାତପର ।

ହସରେ ହସରେ ତୁମ
ଝରି ପଡୁଥିଲା
ଶୁଭ୍ର ମୁକ୍ତାର ଧାର
କଥାରେ କଥାରେ
ବହିଯାଉଥିଲା
ରଜତ ଜ୍ୟୋସ୍ନାର ଝର ।

ଆଖିରେ ଆଖିରେ କଥାସବୁ
ତୁମ ହୋଇଯାଉଥିଲା ଲୁହ
ଲୁହ ନୁହେଁ ସେତ
ମୁକ୍ତା ଫୁଲ ସବୁ
କେମିତି ଭୁଲିବି କହ ।

କେମିତି ଭାବିବି
ତୁମ ମନରେ ନ ଥିଲା
ହାତେ ହାତ ଛନ୍ଦି ଏକାଠି
ଚାଲିବା ମୋହ !

ସତରେ ଭାରି ମନେ ପଡ଼ ...
ବାଲିଘର କେତେ
ଗଢ଼ିଥିଲେ ଆମେ
ପ୍ରଶସ୍ତ ସମୁଦ୍ର ବେଳାରେ
ଭାବିତ ନ ଥିଲି ଭାଙ୍ଗିଯିବ ଆମ
ସ୍ୱପ୍ନସୌଧ ସବୁ
ଫେନିଳ ସାଗର ଢେଉରେ ।

ମନ ଉପବନେ ବହି ଯାଉଥିଲା
ଶୀତଳ ସୁବାସ ସମୀର
ଭାବିତ ନ ଥିଲି ସମିରଣ କେବେ
ଅଣଚାଶ ହୋଇ
ଭାଙ୍ଗିଦେବ ଆମ ସଂସାର ।

ତମେ କୁହ ...
ଅସୁମାରି ଏଇ ମଣିଷ ମେଳରେ
କେତେ କାଳ ଆଉ ଖୋଜିବି
ରାତିର ଅନ୍ଧାରେ,
ଦିନର ଆଲୋକେ
ତୁମ ପାଇଁ ଆଉ
କେତେ ଲୁଚକାଳି ଖେଳିବି ।

ତମେ ଟିକେ ଆସିବକି

ଜୀବନରେ ଚାଲିବା ରାସ୍ତାରେ
କେତେବାଟ ଆସିଲିଣି
କେତେକାଳୁ ତମକୁ ମୁଁ
ଛାଡ଼ି ଆସିଲିଣି,
ଦେହମନ ମୋର
ଏ ମଧ୍ୟରେ
ଅବଶ ହେଲାଣି ।

ମୋ ପାଖରୁ ଗଲାବେଳେ
କହିଥିଲ ଯାହା
ମୋ ମନରେ ଏବେବି
ସତେଜ,
ବୟସର ସୂରୁଯ ତାତିରେ
ଅତିକ୍ରମ କରିପାର
ଅଲଙ୍ଘ୍ୟ ପାଚେରି,
ଖରାଡେଇଁ ଗଲେ ତମେ
ଛାଇକୁ ଡରିବ ।

ଏବେ ସେ କଥା
ମନେ ପଡୁଥିଲାବେଳେ
ସତରେ ମୁଁ ...
ଜହ୍ନ ଆଲୁଅକୁ ଟିକେ ଖାଲି
ଯାହା ଭରସା କରିଛି ।

ରୁପେଲୀ ଜୋଛନାର
ଶୀତୁଆ ସମୀରେ
ତମେ ଟିକେ ଆସିବକି
ମୁହୂର୍ତ୍ତ କେତେଟା ପାଇଁ ।

ପ୍ରିୟା ପାଇଁ ଚିଠି

ପ୍ରିୟା ମୋର !
ତୁମ ପାଖେ ରହିବାର
ଉତ୍‌ଥିତ ଆନନ୍ଦ
ଫିଙ୍ଗିବାକୁ ହୁଏ ନାହିଁ ମନ ।

ସତରେ ମୁଁ କେଡ଼େ ଭାଗ୍ୟହୀନ,
କର୍ତ୍ତବ୍ୟ ଓ ତୁମ ମଧ୍ୟେ
କିଏ କଲା ଏତେ ବ୍ୟବଧାନ !

ଜୀବନଟା ସରିଯିବ କିବା
ପ୍ରୀତିସବୁ ସଞ୍ଚିସଞ୍ଚି
ସ୍ୱପ୍ନ ଫରୁଆରେ ।
ଅଥବା
ବିତିଯିବ କର୍ମ କାରାଗାରେ ।

ସତରେ ପ୍ରେୟସୀ,
ତମ ବିନା ଲାଗେ ଏଠି
ବାସହୀନ ପୁଷ୍ପିତ ଧରଣୀ,

ତମ ବିନା ଲାଗେ ଏଠି
କଂକରିତ
ମୁଲାୟମ ଘାସର ସରଣୀ ।
ସତରେ ସଜନୀ,
ଯୁଗଟିଏ ଭଳି ଲାଗୁଛି
ଛାଡ଼ି ଆସିବାର ତୁମକୁ
ଜୀବନ ଯେମିତି ବିଅର୍ଥେ କଟୁଛି
ଭାଷା ନାହିଁ ଲେଖିବାକୁ ।

ପାଶେ ପାଶେ ଥିଲେ
ପ୍ରେମ ମଦିରାରେ ହୋଇଥାନ୍ତେ ମତୁଆଲା,
ନିଷ୍ଠୁର କର୍ତ୍ତବ୍ୟେ ଛଟପଟ ଏଠି
କେମିତି ସମୟ କଟୁଛି ମୋହର
ଭାବିଛକି ଥରେ ଭଲା ।

ହେ ଚାରୁ ଚନ୍ଦ୍ରମା, ବଧୂ ଅନୁପମା
ମୋ ମଧ୍ୟରେ ତୁମ ମୁଖଛବି ମଧୁରିମା ।

ମନ ଉପବନ ଜଗାଇଛି ଯାହା
ସମର୍ଥ ମୁଁ ନୁହେଁ ଲେଖନୀ ମୁନରେ
ଦେବାକୁ ତାହାରେ ରୂପ ଉପମା ।

କାଟିଦେବି ସବୁ ନିଷ୍ଠୁର ନିଗଡ଼
ଚାଲିଯିବି ତୁମ ପାଶେ
ମେଣ୍ଟାଇବି ମୋର ତୃଷ୍ଣା ଯୁଗର
ମନ ନାହିଁ ପରବାସେ ।

ପ୍ରୀତିର ସନେଟ୍-୧

ମୁଁ ତତେ କହିଥାନ୍ତି ସବୁକଥା ଏକାନ୍ତରେ,
ଅସ୍ତ ସୂର୍ଯ୍ୟର ପାଟଳ ରଂଗରେ ରଂଗାୟିତ କରିଥାନ୍ତି
ତୋ ଦେହର କୋଣ ଅନୁକୋଣ
ଦେଇଥାନ୍ତି ଚୁପିଚୁପି ମୋ ସ୍ୱପ୍ନର ଧାରା ବିବରଣୀ ।

ଶବ୍ଦାୟିତ ଓଠ ରଖି ତୋ କାନ ପାଖରେ
ଖୋଲି ଦେଇଥାନ୍ତି ଗପର ପେଟିକା ସବୁ
ତୋ ଚୂର୍ଣ୍ଣ କୁନ୍ତଳ ଥାପି ମୋ ପ୍ରସାରିତ
ହାତ ପାପୁଲିରେ ଅଥବା ଆଙ୍ଗୁଠି ସନ୍ଧିରେ ।

ହେଲେ ତୋ ମୋ ମଝିରେ ଏଠି ରାଜ କାର୍ଯ୍ୟ
ନିଗଡ଼ ନିଷ୍ଠୁର, ମୋ ମନରୁ ଧୋଇନେଲା
ତୋ ପାଇଁ ସଞ୍ଚିଥିବା ପ୍ରୀତିର ସମ୍ଭାର
ଏବେ ତୁ ମୋ ପାଇଁ ଘର ଆଗେ ଲମ୍ୱିଥିବା ରାସ୍ତାର ।

ଦୂରତାକୁ ମନେମନେ ମାପୁଥିବୁ ଏବଂ ବିଳମ୍ବିତ
ସମୟର ପ୍ରତିଧ୍ୱନି ହୃଦ ମଧ୍ୟେ ଶୁଣୁଥିବୁ ।

ସେଇ ସ୍ୱପ୍ନ ମୋର ଏକାନ୍ତ ନିଜସ୍ୱ

ତୁମେ ମୋ ସ୍ୱପ୍ନର ରାଜ ନନ୍ଦିନୀ ଗୋ
ଅନ୍ତର ତଳର ଧ୍ୱନି,
ତୁମ ପାଇଁ ମୋ ମନ ବନାନୀରେ
ଜଳିଉଠେ ପ୍ରୀତି ବହ୍ନି ।

ନିର୍ଜନ ମରୁ ମୋ ସ୍ୱପ୍ନର ଇଲାକା
ଚଉପାଶ ମରୁ ବାଲି,
ତୁମେ ମରୁଦ୍ୟାନ, ପ୍ରୀତି ନିର୍ଝରିଣୀ
ସୁଖ ସ୍ୱପ୍ନ ଯାହା ଖାଲି ।

ସ୍ୱପ୍ନ କାରାଗାରେ ବନ୍ଦିନୀ ତୁମେ ଗୋ
ସ୍ୱପ୍ନ ଭାଜିଗଲେ ନାହଁ,
ଆଖିରୁ ମୋହର ନିଦ ହଜିଗଲେ
କେଉଁଆଡ଼େ ଲୁଚିଯାଅ ।

ମନେ ପଡ଼େ ଏବେ ଦେଖା ହେଉଥିଲା
ରାଜଧାନୀ ରାଜପଥେ,
ବାଙ୍କ ଚାହାଣିରୁ ଭାଷା ଖୋଜୁଥିଲି
କହିବାର କଥା ମୋତେ ।

ସବୁଦିନେ ସେଇ ଏକା ସମୟରେ
ଏକଥାନେ ଦେଖାହୁଏ
ଲାଜୁଆ ମୁହଁରେ ହସ ଟିକେ ପାଇଁ
ମନ କେତେ ଖୋଜୁଥାଏ ।

ଜୀବନଟା ମୋର ସାର୍ଥକ ହୁଅନ୍ତା
ତମ ଓଠୁ ପଦେ ଶୁଣି,
ଭାବନାରେ ତୁମ ବୁଡ଼ିଥିଲା ବେଳେ
ମନେ ହେଉଥିଲି ଗୁଣି ।

ସବୁଦିନ ଭାବେ, ଦିନେ ଏକାନ୍ତରେ
ଦେଖା ହେଲା ତମ ସାଥେ,
ସରୁ ଓଠଧାରୁ ହସର ସ୍ତବକ
ଉପହାର ଦେଲ ମୋତେ ।

ସ୍ୱର୍ଗର ଚାନ୍ଦ କି ଖସିଲା ମୋ ହାତେ
କହିବାକୁ ନାହିଁ ଭାଷା,
ପ୍ରୀତି ସୁଧା ସ୍ପର୍ଶ ମୋ ତନୁ ମନରେ
ଜଗାଇଲା ନୂଆ ଆଶା ।

ସେଇଥିଲା କିନ୍ତୁ ପ୍ରଥମ ଓ ଶେଷ
ସୁଠାମ ଓଠରେ ହସ,
ଆଉ କେବେ ଦେଖା ହୋଇନି ବାନ୍ଧବୀ
ସ୍ୱପ୍ନେ ଖାଲି ଯାହା ଆସ ।

ସେଇ ସ୍ୱପ୍ନ ମୋର ଏକାନ୍ତ ନିଜସ୍ୱ
ଚାହେନାହିଁ ବାଣ୍ଟିବାକୁ,
ସ୍ୱପ୍ନାଙ୍ଗନେ ତୁମ ପ୍ରୀତିର ପ୍ଲାବନେ
ଚାହେଁ ଯୁଗେ ବଞ୍ଚିବାକୁ ।

∎

ଏ ସହର ଆଜି ଯାଉଛି ଛାଡ଼ି

ସଖୀ ଆଗୋ,
ନୀଳକଇଁର ଆଖିରେ ତୁମ
ସ୍ୱପ୍ନ ମୁଁ ଦେଖୁଛିକେତେ,
ପ୍ରେମ ପୁଷ୍ପର ସୁରଭୀ ତୁମ
ହିଲ୍ଲୋଳିତ କରେ ମୋତେ ।

ମୋ ମନବୀଣା ଅଦୃଶ୍ୟ ତାରେ
ସୁଠାମ ତୁମ ଅଙ୍ଗୁଳିମାନ,
ଶୁଷ୍କ ନିରସ ଜୀବନେ କରେ
ପରିଣୟର ସଂଗୀତ ଗାନ ।

ଅଧରୁ ତୁମ ଭାଷାର ମଧୁ
ପାନ କରିବା ଉଦ୍ଦାତ ଆଶା,
ପାଗଳ କରେ ମୋତେ ଗୋ ସଖୀ
ଜଗାଇ ଦିଏ ମନେ ମୋ ନିଶା ।

ସ୍ୱପ୍ନ ଜାଗେ ମନରେ ମୋର
ସୁଦୀର୍ଘ ତୁମ କେଶର ଶୋଭା
          ଜୀବନଯାକ ଧରନ୍ତି ରଖି,
ସୁନ୍ଦର ତୁମ ତନୁ ବଲ୍ଲରୀ
          ବକ୍ଷେ ମୋ ଜଡ଼ାଇ ଦିଅନ୍ତି ସଖୀ ।
ହେଲେ ମୋ ପାଇଁ ଯଦି
          ଅପବାଦକୁ ପାରୁନ ସହି,
କଂକରିତ ଜୀବନ ପଥେ
          ପ୍ରେମ ସଂଗୀତ ପାରୁନ ଗାଇ ।

ଦୁଃଖ ହେଲେ ବି ହୃଦୟେ ମୋର,
କଥା ମୁଁ ଦେଉଛି ବାନ୍ଧବୀ ଆଜି
          ଆଉ କେବେ ଦେଖା ହେବଇ ନାହିଁ,
ଏ ସହର ଆଜି ଯାଉଛି ଛାଡ଼ି,
          ଶୂନ୍ୟ ପ୍ରୀତିର ପସରା ନେଇ ।

ତୁମ ପାଇଁ ସ୍ୱପ୍ନ ଋତୁରେ ଋତୁରେ

ଅନେକ ଅକୁହା କଥା
ସ୍ୱପ୍ନ ହୋଇ ଭାଜିଯାଏ
ତୁମ ମୋ ଭିତରେ
ଯେମିତି ଉଭେଇଯାଏ
ଶିଶିର କଣିକା ସବୁ
ଚିକ୍ ଚିକ୍ ରୁପେଲୀ ଖରାରେ ।

ଶ୍ରାବଣ ଆକାଶ ତଳେ
ବରଷା ଭିଜାରେ
ଚମତ୍କାର ଦିଶ ତୁମେ
ହେଉ ପଛେ ସ୍ୱପ୍ନରେ ସ୍ୱପ୍ନରେ ।

ଭିଜା କେଶୁ ଖସୁଥାଏ ବର୍ଷାସବୁ
ମୁକ୍ତା ବିନ୍ଦୁ ହୋଇ
ଲଜ୍ଜାନତ ଆଖିରୁ
କଥାସବୁ ତୁମ
ଭାସିଆସେ
ଥରୁଥିବା ଓଠ ଫାଙ୍କ ଦେଇ ।

ଅଶିଣ ରାତିର ଜହ୍ନ ଆଲୁଅରେ
ସଜଳ ସତେଜ ତୁମେ
ଶିଶିର ବିନ୍ଦୁରେ
ଶୁଭ୍ର ପକ୍ଷୀ ଭଳି ଭସା ବାଦଲରେ
ଉଡ଼ିଯାଅ ଆକାଶ ଛାତିରେ
ଅଥବା
ଲୁଚକାଳି ଖେଳୁଥାଅ ଆମ ଗାଁ
ନଈପଠା କାଶତଣ୍ଡୀ
ଫୁଲରେ ଫୁଲରେ ।

ଶୀତ ସକାଳର
ନିଦମଖା ଅଳସ ମୁହଁରେ
ତୁମେ ଦିଶ ଫୁଲଟିଏ
ଯେମିତି ସବୁଜ ଶାଖାରେ
ନଦୀଭଳି ବହିଯାଅ
କୁଳୁକୁଳୁ ଧ୍ୱନିରେ ଧ୍ୱନିରେ ।

ଫଗୁଣର ଫଗୁମିଶା
ବର୍ଣ୍ଣାଳୀ ବିଭୋରେ
ଆଙ୍କି ହୋଇଯାଅ ତୁମେ
ମୋ ମନର କାନ୍‌ଭାସ ପରେ,
ମନ୍ଦ ମଳୟର ସାନ୍ଧ୍ୟ ଅବସରେ
ତୁମେ କିନ୍ତୁ ରହିଯାଅ
ସ୍ୱପ୍ନରେ ସ୍ୱପ୍ନରେ ।

ବୈଶାଖ ସନ୍ଧ୍ୟାର
ନିଦାଘ ନିଆଁରେ
ତୁମ ମୁହେଁ ସ୍ୱେଦ ବିନ୍ଦୁ
କଥା କହିଉଠେ,
ଆମନ୍ତ୍ରିତ କରେ ମୋତେ
ସସ୍ନେହରେ ପୋଛି ଦେବା ପାଇଁ
ସବୁ କିନ୍ତୁ ସ୍ୱପ୍ନରେ ସ୍ୱପ୍ନରେ ।

କେମିତିକା ଜହ୍ନ ତୁହି ...

କେମିତିକା ଜହ୍ନ ତୁହି
ମନ ମୋର ଜମା ବୁଝିଲୁନି
ଜୋଛନାର ଆଲୁଅରେ
ମୋ ପ୍ରିୟାର ସନ୍ଦେଶ ଦେଲୁନି ।

ମଳୟ ବହୁଛି ଆଜି
ଶିହରିତ କରେ ଦେହ ମନ
ଏକାଳେ ମୋ ପ୍ରିୟା ନାହିଁ
ଦୂରେ ରହି କରେ ହିନୀମାନ ।

ସଜଳ ଆଖିରେ ତା'ର
ଦେଖିଥାନ୍ତି କେତେ ସ୍ୱପ୍ନ
ଭୁଲିଥାନ୍ତି ଦୁନିଆର
ଏତେ ସବୁ ଦୁଃଖମାନ ।

କେମିତିକା ଜହ୍ନ ତୁହି...
    ଏଠି ଏକା ତୁହି ଖାଲି
    ନିଜର ଯା, ମନ ହେଉ
ହେଲେ ତୋପାଖେ ମୋ ଅଳି,
    କେମିତି ବା ଭୁଲିଯାଉ ।

ଦେ, ତୋ ଜୋଛନାର ଧାରା
    ମୋ ସାଥେ ନ କରି ମାୟା
ଲାଗିଛି ମୋ ମନେ ନିଆଁ
    ଖୋଜେ ମୋ ପ୍ରିୟାର କାୟା ।

ତୁମ ଆଖିର ଭାଷାରୁ ମନ ମୁଁ ପଢ଼ିଲି

ତୁମ ଆଖିର ଭାଷାରୁ ମନ ମୁଁ ପଢ଼ିଲି
ଲେଖୁଛି ବସି ମୁଁ ଚିଠି
ହେଲେ, ମନଭାଷା ମୋର ଲେଖି ହୁଏ ନାହିଁ
ସମୟଟା ଯାଏ ବିତି ।

ଲେଖନୀ ଧାରରୁ ଶୁଖିଯାଏ କାଳି
କାଗଜରେ ପଡ଼େ ଗାର
ମନ ଗହନରେ ଧୂଆଁ କୁହୁଳଇ
ନିଆଁ ଲାଗେ ବାରବାର ।

ଚନ୍ଦନ ବନର ମନ୍ଦମଳୟରେ
ବତାସ ଉଠଇ ନିତି
ତୁମ ଆଖିର ଭାଷାରୁ ମନ ମୁଁ ପଢ଼ିଲି
ଲେଖୁଛି ବସି ମୁଁ ଚିଠି ।

ପାଖରେ ବସିଲେ କହନ୍ତି ସିନା ମୁଁ
        ସେତକ ତ କର ନାହିଁ
ମନଟା ତୁମର ପାଷାଣେ ତିଆରି
        ସତେ କିଛି ବୁଝେ ନାହିଁ ।

ଆଖିଠୁ ଅଲଗା ମନ କି ତୁମର
        କିଛି ବୁଝା ପଡ଼େ ନାହିଁ
ସପନ ଭରି ମୋ ମନ ଗହନରେ
        ଦୂରେଇ ରହୁଛ କାହିଁ ।

ଆଖି ଶର ତୁମ ଘାଇଲା କରୁଛି
        ପ୍ରୀତିମଧୁ ଯାଏ ବହି
କହୁଛି କହିବି ତୁମଠାରୁ ଦୂରେ
        ପାରିବନି କେବେ ରହି ।
∎∎

ଆଖିରେ ଆଖିରେ ତୁମରି ଆଖିରେ

ଆଖିରେଆଖିରେ ତୁମରି ଆଖିରେ
ଦେଖିଲି କେତେ ମୁଁ ସ୍ୱପ୍ନ
କାନରେକାନରେ ଶୁଣିଥିଲି କେତେ
ପ୍ରେମ ଗୀତିକାର ସ୍ୱନ ।

ଆଜି ଏ ବେଳାରେ ନିରବ ସନ୍ଧ୍ୟାରେ
ମନେ ପଡ଼ିଯାଅ ଯେବେ
ଆମ ସମ୍ପର୍କର ଶୂନ୍ୟତା ଏତେ
ଭାବି ବି ପାରେନା କେବେ ।

କହିଥିଲ ତୁମେ ଶୁଣିଥିଲି ମୁହିଁ
ପ୍ରୀତି ସଂଗୀତର ସୁରେ
ଜୀବନ ନଉକା ଏକାଠି ବାହିବା
ଚାଲିଯିବା ଦୂରେଦୂରେ ।

ମିଳନ ମହକ ଫୁଲରେ ହସିବ
ଆମ ମନ ଉପବନ
ଆଖିରେଆଖିରେ ତୁମରି ଆଖିରେ...
ଦେଖିଲି କେତେ ମୁଁ ସ୍ୱପ୍ନ ।

କୁହ ସଖୀ କାହିଁ ଲୁଚିଗଲ ତୁମେ
ଏକା ମତେ କରି ଦେଇ
ଆଖିର ଲୁହରେ ସ୍ୱପ୍ନ ବହିଗଲା
ଜୀର୍ଣ୍ଣତାର ରଙ୍ଗ ନେଇ ।

ଚାଲିଗଲ କାହିଁ ରାଜପଥ ଧାରେ
ବସିଛି ତୁମରି ପାଇଁ
ଆସିବ ସଖୀଗୋ ମନ ବନାନୀରେ
ମଳୟ ପରଶ ନେଇ ।

ସଂସାର ମରୁରେ ଏକାଠି ଖୋଜିବା
ନିତି କେତେ କେତେ ଧନ
ଆଖିରେଆଖିରେ ତୁମରି ଆଖିରେ
ଦେଖିଲି କେତେ ମୁଁ ସ୍ୱପ୍ନ ।

ଏଇ ଉପବନ ଧାରେ

ଏଇ ଉପବନ ଧାରେ
ସେଦିନ ପ୍ରିୟାର ଚୂର୍ଣ୍ଣ କୁନ୍ତଳ
ଚୁମିଥିଲି ବାରେବାରେ
ସଲ୍ଲଜ ହସ ତା' ଭରି ଯାଇଥିଲା
ଉପବନ ଉପାନ୍ତରେ ।

ଶୀତଳ ସମୀର
ଗାଉଥିଲା କିବା
ମିଳନ ବଂଶୀର ସୁର
ମାୟା ରଚିଥିଲା
ଉପରାଣ ତଳୁ
ସୁନ୍ଦରୀ ଆଖିରେ ମୋର
ପ୍ରଣୟ ବିଭୋରେ ଆଙ୍କି ଦେଇଥିଲି
ଚୁମ୍ବନତା ଚିବୁକରେ
ଏଇ ଉପବନ ଧାରେ ।

ମୋ ବାହୁ ପାଶରେ
ତା' ମୁକୁଳା କେଶରେ
କର ସ୍ପର୍ଶ କଲାବେଳେ
ମୋ ବକ୍ଷରେ ମଥା
ରଖି ସେ ସୁନ୍ଦରୀ
କର ଭିଡୁଥିଲା ମୋର ଗଳେ ।

ରୁପେଲୀ ଜ୍ୟୋସ୍ନାରେ
ମଧୁକୁଞ୍ଜ ତଳେ,
ଭାସି ପ୍ରେମ ମଦିରାରେ
ଭାଷିଥିଲା ଗୋରା
ସତେ ଭଲପାଅ
ଦୁଃଖେ ସୁଖେ ଜୀବନରେ
ନା ଏହି ଉପବନ ଧାରେ ।

ଉତ୍ତରେ ଆଙ୍କିଲି
ଚୁମ୍ବନର ରେଖା
ଆଲିଙ୍ଗନ କରି ତାରେ
ମତୁଆଲା ହେଲା
ସୁରଭିତ ସନ୍ଧ୍ୟା
କଦମ୍ବ ବୃକ୍ଷର ତଳେ ।
ସେଇ ସନ୍ଧ୍ୟା ପରେ
ସଖୀ ଆସିଥିଲା
କେତେ ଏମିତି ସନ୍ଧ୍ୟାରେ
ଏଇ ଉପବନ ଧାରେ ।

ପ୍ରୀତି ମଦିରାରେ
ଭାସିଥିଲୁ କେତେ
ରୁପେଲୀ ଜୋଛନା ତଳେ
ମଳୟ ହିଲ୍ଲୋଳେ
ମିଶିଥିଲୁ ସତେ
ବହୁବାର କୁତୂହଳେ
ଚୋରା ପୀରତିର
ଏ ସନ୍ଧ୍ୟା ଆସର
ସମାଜ କଟାକ୍ଷ ତଳେ ।

ଦୂରେ ବହୁ ଦୂରେ
    ପ୍ରଣୟିନୀ ମୋର
    ମିଶି ନାହୁଁ ଆଉ ପରେ
ବହୁ ଦିନ ପରେ
    ଆଜି ଏ ସନ୍ଧ୍ୟାରେ
    ସେହି ଅଭୁଲା ପୀରତିରେ
ହୁଏ ଆନମନା
    ଆଜି ମୋର ମନ
    ଏଇ ଉପବନ ଧାରେ ।

ବର୍ଷାରାଣୀ, ଆଞ୍ଜୁଳାଏ ଶୀତଳତା ଲୋଡ଼ା

ବର୍ଷାରାଣୀ !
ତୁମେ ଆସ ଘୁମନ୍ତ ସନ୍ଧ୍ୟାରେ,
ଅଥବା ରାତି ପାହାନ୍ତାରେ
କେତେବେଳେ
ରିମ୍‌ଝିମ୍ ଗୀତ ଗାଇ
ଅବା କେବେ ପୃଥ୍ୱୀ ଦୁଲୁକାଇ ।

କଳାମେଘ କୋଳେ,
ବିଜୁଳିର ଛିଟା ତୋଳି
ଅଥବା ଲଟକାଇ ଗଲେ
ସାତରଙ୍ଗ ଇନ୍ଦ୍ରଧନୁ ମାଳି ।

ଯେତେବେଳେ ଆସ,
ଯେମିତିବି ଆସ
ଭଲଲାଗେ ମୋତେ ।

ଭଲଲାଗେ ଦେଖିବାକୁ
ମୋ ଝର୍କାରୁ ପରଦା ଆଢ଼େଇ
ଦୂରସ୍ଥ ପର୍ବତ ଯାଏ ତୁମ ପାଦ ଚିହ୍ନ ।
ସତରେ ବର୍ଷାରାଣୀ,
ଭଲଲାଗେ ଦେଖିବାକୁ
ତୁମ ଶାଗୁଆ ଶାଢ଼ି ପଣତର
ପରିବ୍ୟାପ୍ତି ମୋ ଘରର ପାହାଚ ତଳରୁ
ଦିଗ୍‌ବଳୟ ପରିଯନ୍ତେ ।

ଶୁଣିବାକୁ ଭଲଲାଗେ
ମେଘୁଆ ଆକାଶୁ
ମୋ ଘର ନୁଆଁଣିଆ ଚାଳ ଦେଇ
ଖସୁଥିବା ଜଳ ବିନ୍ଦୁର
ଟପ୍‌ଟପ୍ ଶବ୍ଦ ସବୁ,
ଯେମିତି ତମେ ହସୁଥାଅ
ଖିଲିଖିଲି ହସ ।

ତୁମ ସ୍ପର୍ଶ ଶୀତଳତା ଭରା
କରେ ମୋତେ ରୋମାଞ୍ଚିତ,
ଭରିଦିଏ ମନେ ମୋର
ପ୍ରୀତିର ସନ୍ଦେଶ
ନିଦାଘର ଯାତନା ଶେଷରେ
ବର୍ଷାରାଣୀ ତୁମଠାରୁ ଖୋଜେ
ଆଞ୍ଜୁଳାଏ ଶୀତଳତା
ନିବିଡ଼ ଶୀତଳତା ଖାଲି ।

■■

କୃଷ୍ଣଚୂଡ଼ା

ଧୂଳି ଧୂସରିତ ବିବର୍ଣ୍ଣ
ବୈଶାଖର କାନ୍‌ଭାସ ପରେ,
ସବୁରଙ୍ଗ ନେସି ହୋଇଯାଏ
ତୁମ ଦେହରେ ଦେହରେ ।

ଚିକ୍‌ଚିକ୍ ଖରାବେଳଟାରେ
ଟହଟହ ତୁମ ପାଟଳିମାରେ,
ପବନ ଖେଳାଏ ରଙ୍ଗର ତରଙ୍ଗ ।

ଭରିଯାଏ ଶୀତଳତା
ଆଖିରେଆଖିରେ
ରାସ୍ତା ସବୁ
ଛୋଟ ହୋଇଯାଏ
ଦୂର ଗାଁ ଲାଗେ
ନିହାତି ପାଖରେ,
ଯଦି ଥାଅ ଚାଲୁଥିବା ବାଟୋଇର
ବାଟ ପାଖେ ହାତ ପାଆନ୍ତାରେ ।

ସତେ କୃଷ୍ଣଚୂଡ଼ା
ଶୋଭାର ପସରା
ତୁମ ପାଇଁ ଭଲଲାଗେ
ବୈଶାଖର ଖରା ।

ପ୍ରୀତିପର୍ଣ୍ଣା, ତମପାଇଁ

ପ୍ରୀତି ସବୁ ମହମହ ବାସୁଥିବା
ଫୁଲରେ ରଙ୍ଗର ରୋଷଣି
ଝରଝର ନିର୍ଝରିଣୀ ଜଳେ
ସୁମଧୁର ସଙ୍ଗୀତ ରାଗିଣୀ ।

ଧୁ ଧୁ ନିର୍ଜନ ମରୁରେ
କଲ୍ଲୋଳିତ ହସର ଉଦ୍ୟାନ
ଟହଟହ ତପ୍ତ ବୈଶାଖରେ
ସୁବାସିତ ଶୀତଳ ଚନ୍ଦନ ।

ପ୍ରୀତିପର୍ଣ୍ଣା :
ତୁମକୁ ମଝିରେ ରଖି
ଏ ସବୁରେ କି ଲାଭ ଆଉ
ଭାଷାହୀନ ଭାବହୀନ
ସତେ ଅବା ଅଚଳ ଚିଟାଉ ।

ତଥାପି ଅମାନିଆ ସ୍ମୃତି
ଫେରନ୍ତି ଲହଡ଼ି,
ବାରବାର ମଥା ପିଟେ
ସାଗର ବେଳାରେ,
ବେଳେ ପୁଣି
ମଳୟ ପବନ ହୋଇ
ଖେଳିଯାଏ ମନ ବଗିଚାରେ ।

ମନେପଡ଼େ ଏବେ କାହିଁ
ବିରହିଣୀ ତୁମ ଏଣୀ ଆଖି
ନିର୍ମେଘ ଆକାଶ ନୀଳ ଜହ୍ନେ
ନିତମ୍ବିନୀ ତମରୂପ ସଖୀ ।

ମନେପଡ଼େ ଏବେ କାହିଁ
ଅଧରେ ଅଙ୍କିତ
ତୁମ ହସର ପ୍ରଲେପ,
ବୀଣା ଜିଣା ସ୍ୱର ସାଥେ
ଅସରା ଆଳାପ ।

ପ୍ରୀତିପର୍ଣ୍ଣା,
ସ୍ମୃତିକୁ ସାଉଁଟୁଥିବା
ମନ ପାନ୍ଥ ପାଇଁ;
ତଥାପି ବି ଏବେ ତମେ
ବୈଶାଖର ରାସ୍ତା ପାଖେ
କୃଷ୍ଣଚୂଡ଼ା ଛାଇ
ଅବା ଧୂସର ଧରଣୀ ଧାରେ
ପ୍ରବାହିତ ପୁଣ୍ୟତୋୟା ନଈ ।

■■

ଆସିବ ହେ ବନ୍ଧୁ

ଆଖି ଯହିଁ ଚାହୁଁଥିଲା
ସବୁଆଡ଼େ ରଙ୍ଗର ବିସ୍ତାର,
ତୁମ ପାଇଁ ପ୍ରୀତିମୟ
ଦିଶୁଥିଲା ସ୍ୱପ୍ନର ସହର ।

ତୁମ ପାଇଁ ଶ୍ରଦ୍ଧା ଥିଲା
ଥିଲା ପୁଣି ସ୍ନେହ,
ସମ୍ମାନର କଥା ଥିଲା
କର୍ତ୍ତବ୍ୟର ମୋହ ।

ଜଳିବାର ଥିଲା ମାତ୍ର
ଟିକିଏ ଦହନ
ଯନ୍ତ୍ରଣାର ନାମ ନେଇ
ଅବଶ୍ୟ ଜ୍ୱଳନ ।

ଆସିଥିଲେ କହିଥାନ୍ତି
ପାଖେ ତୁମ ବସି,
ଚନ୍ଦ୍ରାତପ ଦିହୁଡ଼ିରେ
ପାହିଥାନ୍ତା ନିଶି ।

କଥୋପ କଥନେ ଲମ୍ବିଥାନ୍ତା
ଅସରା ପ୍ରସଙ୍ଗ
ଅଧର ମଧୁରେ ତୁମ ଲୋଡ଼ିଥାନ୍ତି
ପ୍ରୀତିର ସୁହାଗ ।

ସବୁଜାଣି ଶୁଣି ଆସିଲନି ବନ୍ଧୁ
ଦେଲ ମୋତେ ପର କରି
କର୍ମର ନିଘଞ୍ଚେ କିବା କାଟିଦେଲ
ସବୁ ସଂପର୍କର ଡୋରି ।

ଶିଶିର ଭିଜାଏ ହେମନ୍ତ ରାତିର
ଜ୍ୟୋସ୍ନା ଗାଧୁଆ ରଙ୍ଗ,
ମଳିନ ପଡ଼ିଲା ତୁମ ଅପେକ୍ଷାରେ
ଘୋଟିଗଲା କଳା ମେଘ ।

ତଥାପି ବସିଛି ପ୍ରତୀକ୍ଷା ସରିନି
ମଉଳିନି ଆଶା ଫୁଲ,
ଆସିବ ହେ ବନ୍ଧୁ ଅନାଇ ବସିଛି
ଚନ୍ଦ୍ରେ ଚକୋରୀର ତୁଲ ।

ଚାରୁଲତା : କିଛି ଇଚ୍ଛା କିଛି କଥା

ହାତ ପାଆନ୍ତାରେ ନ ଥିଲେ ତୁମେଗୋ
ଆଖି ଆଗେ ସିନା ରୁହନ୍ତ,
ଆଖି ବୁଲାଇଲେ ଦିଶନ୍ତା ତୁମର
ଜରି କାମ ଶାଢ଼ି ପଣତ ।

କାନ ମୋ ଶୁଣନ୍ତା ରୁଣୁଝୁଣୁ ତୁମ
ଚୁଡ଼ି ପାଉଁଜିର ଝଙ୍କାର,
ମନ ବନାନୀରେ ଫୁଲ ମୋ ଫୁଟନ୍ତା
ଚହଟନ୍ତା ବାସ ମଧୁର ।

ଊଷର ମହୀର ବାଲୁବନ୍ତ ପରେ
ଭରିଯାନ୍ତା ନବ ଫସଲ,
ଖେଳିଯାଉଥାନ୍ତା ମନ ଗହନରେ
ପ୍ରୀତି ଚଇତାଳି ଚପଳ ।

ହେଲେ ଆଖି ଅନ୍ତରାଳେ
ସ୍ୱପ୍ନେ ଖାଲି ଅନୁଭବ,
ମେଘର ଉହାଡ଼େ ଧୂସରିତ ଅବା
ପ୍ରଭାତୀ ଅରୁଣ ରଙ୍ଗ ।

ପ୍ରୀତି ଅକୁଳାନ ନିରସ ଜୀବନ
ଭାବନାରେ ବିତେ ସତତ,
ହାତ ପାଆନ୍ତାରେ ନ ଥିଲେ ତୁମେ ଗୋ
ଆଖି ଆଗେ ସିନା ରୁହନ୍ତ ।

ଦୂର ଶୈଳବନ୍ତ ଶୋଭାରେ ଶୋଭିତ
ସମୀପ ଦୃଷ୍ଟିରେ ସଦା ପରାହତ,
ଏ ଭାବ ଅଭାବ କରେ ପ୍ରୀତିରାଗ
ଜୀବନ ନିହାତି ନିଷ୍ପ୍ରଭ ନିଃସଙ୍ଗ ।

ନିବିଡ଼ ନିକଟ ଦେଖିଛି ସମୟ
ସମ୍ପର୍କ ହୋଇଛି ପାଷାଣେ ଲେଖା,
ପ୍ରେମ ପ୍ରଣୟର ରଙ୍ଗ ତୂଳୀରେ
ଅଙ୍କନ ହୋଇଛି ଜୀବନରେଖା ।

ଏବେ ଶିଳାଲିପି କ୍ଷୟହୁଏ କିନ୍ତୁ
ସମୟର ବହିବା ସୁଅରେ,
ନିଥର ଅସ୍ପଷ୍ଟ ହୁଏ
ଜଳୁଥିବା ଜୀବନ ଜୁଇରେ ।

ସ୍ୱପ୍ନିଳ ଆଖିରେ ପ୍ରତିଛବି ତୁମ
ହୁଏ ସିନା ପ୍ରେମାସ୍ପଦ,
ବାସ୍ତବରେ ଏବେ ମୋ ପାଇଁ ତୁମେ
ଦ୍ୱିତୀୟା ତିଥିର ଚାନ୍ଦ ।

କର୍ମ କର୍ତ୍ତବ୍ୟର ମୋହ କାଟି ଦେଇ
ପାଶେ ସିନା ଉଭା ହୁଅନ୍ତ
ହାତ ପାଆନ୍ତାରେ ନ ଥିଲେ ତୁମେ ଗୋ
ଆଖି ଆଗେ ସିନା ରୁହନ୍ତ ।

ବର୍ଷା ଭିଜା ଭାଲେଣ୍ଟାଇନ୍ ଡେ

ବସନ୍ତ ବରଣେ ବର୍ଷା ଅଦିନିଆ
ଦେହ ସିନା ଓଦା କରୁଛି
ମନରେ ଉଷ୍ଣତା ଜାଗୁଛି ପ୍ରିୟାଗୋ
ତମ କଥା ମନେ ପଡୁଛି ।

ଟପ୍‌ଟପ୍ ଏଇ ବରଷା ବିନ୍ଦୁରେ
ଲେଖି ହୋଇଯାଏ ତୁମ ନାଁ,
ଫେରନ୍ତି ଶୀତର ସମୀରଣ ତୋଳେ
ତୁମରି ସ୍ୱରର ମୂର୍ଚ୍ଛନା ।

ଉପବନେ ଖେଳେ ଗୋଲାପ ଲାଲିମା
ଅପରୂପା ବର୍ଷାସ୍ନାତ
ତୁମ ଓଠ ଧାରେ ହସର ସ୍ତବକ
ହୁଏ ଯେହ୍ନେ, ମୁକୁଳିତ ।

ଗୀତିମୟ ହୁଏ କୋହଲା ପୃଥିବୀ
ବିନା କୋଇଲିର କୁହୁରେ,
ରଙ୍ଗମୟ ହୁଏ ତୁମ ପାଇଁ ସ୍ୱପ୍ନ
ଇନ୍ଦ୍ରଧନୁ ସାତ ରଙ୍ଗରେ ।

ତୁମ ଅନୁଭବେ ଅସରା ସମୟ
ଅନଉଚ୍ଚାରିତ ଭାବନା,
ଶୀତମୟ ସିନା ବରଷା ସାଥିରେ
ଘନୀଭୂତ ଯେତେ କାମନା ।

ବିରହ ବିଧୁର ମନଚାହେ ସଦା
ତୁମ ସଙ୍ଗେ ଆଳାପନ,
ହାତ ପାଆନ୍ତାରେ ନ ଥିବାରେ ଯେଣୁ
ନିଷ୍ଠୁର ଏହି କନ୍ଦନ ।

ବସନ୍ତ ବିଧାନେ ବିକଶିତ ମନ
ସପନ ଶିଢ଼ିର ଶୀର୍ଷରେ,
ଚିନ୍ତା ଚେତନାର ଚିତ୍ରିତ ପ୍ରହରେ
ଅନୁରାଗ ଅନୁପାତରେ ।

ପ୍ରେମ ପ୍ରତୀକ୍ଷାର ଦିନ ସରିଯାନ୍ତା
ତମେ ଯଦି ଥରେ ଆସନ୍ତ,
ବର୍ଷା ବସନ୍ତ ଶୀତ ପୃଥିବୀରେ
ପ୍ରୀତିର ସୁରଭୀ ଖେଳାନ୍ତ ।

■■

ଗଲାପରେ ଏଠୁ

ଗଲାପରେ ଏଠୁ
କେବେ ଯଦି ଦେଖାହେବ ତମ ସାଥେ
ଆଉ କେଉଁଦିନ ।
ଦୁହେଁ ମିଶି ଗଢ଼ିଥିବା ବାଲିଘର
ସମୟ ସୁଅରେ ଭାସିଗଲା କାହିଁ କେବେ
କରିବିକି ପ୍ରଶ୍ନ ।

ଓଠ ତଳୁ ଆସୁଥିବା ଭାଷା ବିନା
ଆଉ କିଛି ନ ଥାଏ କି
ମନ ଖୋଲି ଦେବା ପାଇଁ ରାସ୍ତା
ତମେ କ'ଣ ଜାଣିବନି
ସେତେବେଳେ ଅନ୍ୟ କିଛି ଦେଖି
ମୋ ମନରେ ତୁମ ପାଇଁ କେତେ ଗଭୀରତା ।

ତମ ଏଠି ରହଣିରେ
ବହୁଦିନ ବିତିଗଲା,
ସତରେ ମୁଁ କେତେ କଥା
ଭାବିଥିଲି ।

ତୁମ ପ୍ରେମ ମହକରେ
ମତୁଆଲା ହୋଇ
ଅଲଗା ପରିଚୟ ଗୋଟେ
ଖୋଜି ବୁଲୁଥିଲି ।
ସକାଳର ଶୀତୁଆ ପରଶେ
ଉଇଁଥିବା ସୂରୁଯ ସାଥିରେ
ତମେ ଦିଶ ଅସମ୍ଭବ ରୂପବତୀ
ମୁହେଁ ତୁମ ରକ୍ତିମାର ଆଭା
ପ୍ରୀତି ପ୍ରସାଧନ ମାଖି
ଯେହ୍ନେ ତୁମେ ଲାଗ ଲଜ୍ଜାବତୀ ।

ଘୁମନ୍ତ ସନ୍ଧ୍ୟାରେ କଥା ଆହୁରି ବି ଭଲ
ଭୁରୁଭୁରୁ ସୁଗନ୍ଧ ସମୀର
ତମ ତନୁ ଛୁଇଁ
ମୋତେ କରେ ଆନମନା
ତୁମ ଖୋଲା ପଣତରେ
ବାନ୍ଧିଦେବି ଅବଶିଷ୍ଟ ସମୟକୁ
ଆଶା ଥିଲା, ଥିଲା କଳପନା ।

ସ୍ୱପ୍ନ ସବୁ ଅଡୁଆ ସୂତାର ଗଣ୍ଠି
ଖୋଲୁ ଖୋଲୁ ରାତି ପାହିଗଲା।
ଜୀବନ ଜାହ୍ନବୀ ସୁଅ ଅମାନିଆ
ତମ ପାଇଁ ରହିବାକୁ ମନା କରିଦେଲା।

ସତରେ ମୁଁ କିବା ଭୁଲ୍‌ କଲି
ତମ ପାଇଁ ଦେଖିଲି ସପନ
ଶୁଣିବାକୁ ଇଚ୍ଛାକଲି ତୁମ କୋକିଳର ସ୍ୱନ
ଭୁଲିଗଲି ମାସ ବର୍ଷ ରାତି ଆଉ ଦିନ।

ସେଥିପାଇଁ ଗଲାପରେ ଏଠୁ
କେବେ ଯଦି ଦେଖାହେବ ତମ ସାଥେ
ଆଉ କେଉଁ ଦିନ
ଦୁହେଁ ମିଶି ଗଢ଼ିଥିବା ବାଲିଘର
ସମୟ ସୁଅରେ ଭାସିଗଲା କାହିଁ କେବେ
କରିବିନି ପ୍ରଶ୍ନ।

■■

ଚିଠିଟିଏ

ସମୟ କେମିତି ଦୁଃଖ ଦିଏ
ତମେ ବେଶ୍ ଜାଣିଛ !

ସମୟର ବର୍ଷା ମାଡ଼ରେ
ଓଦା ହୋଇଥିବା
ମୋ ଚେହେରା,
ଆଖିତଳ କଳାଦାଗ
ଶୁକ୍ଳକେଶ, ଧୀର କଥା
ତମକୁ ଦୁଃଖ ଦେବ ଜାଣିଥିଲି ।

କିନ୍ତୁ କ'ଣ କରିଦି କୁହ
ସମୟକୁ ମେଷ ଶାବକ କରି
ଅଗଣାରେ ମୁଁ ବାନ୍ଧି ପାରିଲିନି ।

ବୟସକୁ ମୁଁ ନିବୁଜ ଫରୁଆରେ
ରଖି ପାରିଲିନି
ସେଥିପାଇଁ ତୁମକୁ ଦେଖା ନ ଦେଇ
ଢ଼େର କିଛିଦିନ କାଟିଦେବି
ବୋଲି ଭାବିଲି ।

ହଁ ତୁମ କଥା ଭୁଲି ନାହିଁ
ମନର କାନ୍‌ଭାସ୍‌ରେ ଛବି ତୁମ
ଆଙ୍କି ସାଇତି ରଖିଛି ।

ତୁମ ନରମ ଓଠରେ ଗୁଣୁଗୁଣୁ
ସ୍ୱର କାନରେ
ମୋ ନିୟତ ବାଜୁଛି ।

ଖୋଲି ଦେଇଛି ମୋ
କାନର ଗବାକ୍ଷ
ତୁମ ସ୍ପର୍ଶ ମଳୟରେ
ମୋ ଅଞ୍ଚଳ ସୁରଭିତ ।

ସମୟକୁ ସାଇତି ରଖିବାର
ଦୂରନ୍ତ ସାଧନାରେ
ମୁଁ ତପସ୍ୟାରତ ।

କେବେ ଦେଖାଦେବ ...
ସତରେ ମୁଁ କ'ଣ
ସମୟକୁ ମୋ ଇଚ୍ଛାରେ
ବଶ କରିଦେବି ।

ତୁମେ ନାହିଁ ସଖୀ ହାତ ପାଆନ୍ତାରେ

ତମେ ନାହିଁ ସଖୀ ହାତ ପାଆନ୍ତାରେ
ବିରହ ବେପଥୁ ଜାଗେ
ସ୍ୱପ୍ନ ତ ରଙ୍ଗୀନ ବାସ୍ତବତା କାହିଁ
ଜୀବନ ନିରସ ଲାଗେ ।
ନିକାଞ୍ଚନ ଏଇ ଉପବନଧାରେ
ତୁମ ସ୍ୱର ନିକ୍ୱଣିତ
ଅସରା ଯାମିନୀ ତନ୍ଦ୍ରା ବନ୍ଧନୀରେ
ପ୍ରୀତିଭାବ ମୁକୁଳିତ ।

ତଟିନୀର ତଟେ ମୁଁ ଦେଖୁଛି ସ୍ୱପ୍ନ
ତୁମ ରାଗ ଅନୁରାଗ
ନରମ ଓଠରୁ ସଂଗୀତ ସଞ୍ଚରେ
ମଧୁମୟ ଅନୁଭବ ।

ନିସ୍ତବ୍ଧ ନିରବ ନିଦୁଆ ଆଖି ମୋ
ଖୋଜୁଛି ତୁମର ରୂପ
ସରିତ ସମୀପେ ତୁମେ ଭାବିବାକୁ
କିବା ବିହି ଅଭିଶାପ ।
ଭାବନାର ଏଇ ଅମୁହାଁ ପଥରେ
ଅନ୍ଧକାର ସବୁ ଦିଗ
ଜୀବନ ଜୁଇର ଜ୍ୱଳନ ଯନ୍ତ୍ରଣା
ଖୋଜେ ତୁମ ଅନୁରାଗ ।

ତମେ ନାହିଁ ସଖି ହାତ ପାଆନ୍ତାରେ
ବିରହ ବେପଥୁ ଜାଗେ
ଅତନୁ ତନୁରେ ପ୍ରୀତିର ପରଶ
ମନୁ ଯାଏ ନାହିଁ କେବେ ।

ଭଲ ପାଇବାର ନିମଗ୍ନ ପ୍ରହରେ
କରିଥିଲ ଆବେଦନ,
ନିୟତି ନିହିଛି ଆମ ପାଶେ ତା'ର
ନିଷ୍କଳଙ୍କ ନିବେଦନ ।

ପ୍ରେମ ପରିଣୟ ନିବିଡ଼ ନିବନ୍ଧ
ଆମ ପାଶେପାଶେ ଥିବ
ସଦା ବସନ୍ତର ମଳୟ ହିଲ୍ଲୋଳେ
ଗୁଞ୍ଜନେ ଗୁମୁରୁଥିବ ।

ରାକା ରଜନୀର ରୁପେଲୀ ଜୋଛନା
ତନୁମନ ଧୋଉଥିବ
ଅସରା କଥାର ପ୍ରୀତି ବନ୍ଧନରେ
ରାତି ସବୁ ପାହିଯିବ ।

ସାଗର ସୈକତେ ତରଙ୍ଗର ଦୂରେ
ତୋଳୁଥିବା ବାଲିଘର
ବାଲିଘର ହେବ ନିଖୁଣ ନଅର
ପ୍ରୀତି ନିର୍ଝରିଣୀ ଧାର ।
ଏବେ ଆଉ ତୁମ ମନ ଉପବନେ
ଆସେ ନାହିଁ ତାହା ଅବା
ଆସୁଥାନ୍ତା ଯଦି ନିଷ୍ଠୁର ନିରବେ
ଦୂରେ ରହିଥାନ୍ତ କିବା ।

ଆପେ ଆଙ୍କିଥାନ୍ତ ତୁମ ଚାରିପଟେ
ଅଲ୍ଲଂଘ୍ୟ ଲକ୍ଷ୍ମଣ ରେଖା
ମିଶିବାର ମୋହ ମିଛ କରିଦେଇ
ନାହିଁ ଦେଇଥାନ୍ତ ଦେଖା ।

ଏବେ ଆଉ ତୁମ ମନ ଆଇନାରେ
ମୋ ଛାଇ ଉଠୁନି ଭାସି
ଭାସୁଥାନ୍ତା ଯଦି କିବା ରହିଥାନ୍ତ
ଦୂର ଉପାନ୍ତରେ ହସି ।

ତୁମେ ନାହଁ ସଖି ହାତ ପାଆନ୍ତାରେ
ବିରହ ବେପଥୁ ଜାଗେ
ବିଧାତା ନିଷ୍ଠୁର କର୍ମ କଷଣରେ
ପ୍ରୀତି ଶୂନ୍ୟତାକୁ ମାଗେ ।

ଅମ୍ଳାନ ପ୍ରେମର ଦ୍ୱାହି ଦେଇ ଏବେ
ରହିବି ତୁମକୁ ଭାବି
ଯହିଁ ରହିଥାଅ ଖୁସିରେ ରହିବ
କହିବି ଈଶ୍ୱର ସେବି ।

ଦୁଃଖ ବାଟଦେଇ ଦୁନିଆ ଦେଖୁଛି

ଦୁଃଖ ବାଟଦେଇ ଦୁନିଆ ଦେଖୁଛି
ସୁଖ ବାଟ ଦେଇ ନୁହେଁ,
ଦୁଃଖ ପରେ ସୁଖ ଆସେ ବୋଲି ଭାବି
ସୁଖ ଅପେକ୍ଷାରେ ରହେ । (୦)

ସପନ ଗୋଧୂଳି ଘୁମନ୍ତ ପହରେ
ନିରବି ଯାଏ ମୋ ଭାଷା
ସଞ୍ଜ ନଇଁଗଲେ ଜୋଛନାକୁ ନେଇ
ଜାଗେ ମନେ ମିଛ ଆଶା
ନିୟତି ନିହିଛି ପାଷାଣ ପାଚେରି
ସୁଖ ବାଟ ଭାଙ୍ଗି ଯାଏ । (୧)

ଛାଇ ଆଲୁଅର ଲୁଚକାଳି ଖେଳେ
ଜୀବନ ଜ୍ୱଳନ ଶିଖା,
ଛଳନାର ଏଇ ରଙ୍ଗମଞ୍ଚ ପରେ
ଜଳୁଛି ଖାଇ ମୁଁ ଧୋକା
ଭଲ ପାଇବାର ସପନ ବାଟରେ
ମରୀଚିକା ପଛେ ଧାଏଁ । (୨)

ସୀମାହୀନ ଏଇ ସାଗର ବେଳାରେ

ସୀମାହୀନ ଏଇ ସାଗର ବେଳାରେ
ବସିଛି ତୁମକୁ ଚାହିଁ
ଜାଣେନା କାହିଁକି ଏଇ ନୀଳିମାରେ
ମନକୁ ଆସୁଛ ଧାଇଁ । (୦)

ଜୋଛନା ରାତିର ନିରବତା ଭାଙ୍ଗି
କେମିତି ଆସିବ ସଖୀ,
ଭାବନାର ଏହି ନିଦୁଆ ପହରେ
ଜହ୍ନକୁ କରିଛି ସାକ୍ଷୀ
ଶୂନ୍ୟ ଜୀବନର ଭଙ୍ଗା ପାହାଚରେ
ହାମୁଡ଼ି ପଡ଼ିଛି ମୁହିଁ । (୧)

ରାଜ ଉଆସର ନନ୍ଦିନୀ ଗୋ ପ୍ରିୟା
ସପନ ଦେଖୁଛି ତୁମେ
ପୀରତିର ପଥେ ସାଥୀ ହେବାପାଇଁ
କାହିଁକି ମନରେ ଜମେ
ମନର ମାନସୀ ଆଗୋ ଚନ୍ଦ୍ରମୁଖୀ
ପ୍ରିୟ ବୋଲି ଦେବ କହି । (୨)

ନରମ ଓଠର ନିରବତା ତଳୁ

ନରମ ଓଠର ନିରବତା ତଳୁ
ତମେ କହୁଥିଲ କଥା,
କଥାକୁହା ତୁମ ଦୁଇଟି ଆଖିରେ
ଥିଲା ପ୍ରେମ ପ୍ରତୀକ୍ଷାର ବାର୍ତ୍ତା ।

ବାର୍ତ୍ତା ଅନୁସରି ପ୍ରତୀକ୍ଷା କରିଛି
ନିକାଞ୍ଚନ ଉପବନେ,
ଉପବନ ସିନା ନିକାଞ୍ଚନ ହୁଏ
କୋଳାହଳ ଥାଏ ମନେ ।

ମନ ମନ୍ଦିରର ରତ୍ନ ସିଂହାସନେ
ଅଭିଷିକ୍ତ ତୁମେ ଦେବୀ,
ଦେବୀ ମାନବୀର ଛାଇ ଆଲୁଅରେ
ପ୍ରେମ ମୋ ଯାଇନି ଲିଭି ।

ଲିଭିବନି କେବେ ଜନ୍ମଜନ୍ମାନ୍ତରେ
ଏ କଥା ଦେଉଛି କହି,
କହିବା କଥା ମୋ ପାଷାଣରେ ଲେଖା
ସ୍ମୃତିରେ ଯାଇଛି ରହି ।

ସେ ମୋର ପ୍ରିୟା

ଅଧୁରା ସ୍ୱପ୍ନର ରାଜନନ୍ଦିନୀ ସେ
ପ୍ରିୟା ମୋ ମନ ମାନସୀ ।
ପ୍ରେମ ସ୍ରୋତସ୍ୱତୀ
ସେ ପ୍ରେମେ ଅବା ମୁଁ
ନିରନ୍ତର ଯାଏ ଭାସି ।

ରୂପ ତ ତାହାରି ସଦା ମୋ ମନରେ
ସଦା ଖେଳୁଥାଏ ମୋର ସାଥିରେ
କେମିତି କହିବି ସିଏ ମୋ ପାଇଁ
ଅପହଞ୍ଚ ଅବା ଅନେକ ଦୂରରେ ।

ଆନେ ଦେଖିବାକୁ ଅପହଞ୍ଚ ସିନା
ପାଶେ ପାଶେ ମୋର ଥାଏ
ଜୀବନ ଜୀବିକା ଯନ୍ତ୍ରଣା ମଧ୍ୟରେ
ନିବିଡ଼ତା ବୁଝି ହୁଏ ।

ପଥ ବହୁଦୂର ଅନେକ ବଂଧୁର
ଆଖି ସିନା ନାହିଁ ପାଏ
ନିରବ ମନର କୋଠରି ଭିତରେ
ଛବି ତା'ର ଖେଳୁଥାଏ ।

ଜହ୍ନ ରାଜା ରାଜ୍ୟେ ବନ୍ଦିନୀ ହେଲେ ବି
ଜୋଛନା ସାଥିରେ ଆସେ
ମୋ ମନ ମୂଳକ ମାତି ଉଠେ ଅବା
ଚନ୍ଦ୍ର ଉଦିଆରେ ହସେ ।

କବିତା କୋଳରେ ତମର ସ୍ମୃତି

କବିତାରେ କେତେ ବନ୍ଧା ହୋଇଅଛି
ସ୍ମୃତିର ଅଡୁଆ ସୂତା,
ଭୁଲିହୁଏ ନାହିଁ ଭଲ ପାଇବାରେ
ଅନ୍ତର ତଳର ଅନେକ କଥା
କାହିଁ ଭଲ ଲାଗେ
ସେ ସ୍ମୃତି ନିଗଡ଼େ,
ନିମଜ୍ଜିତ ନିରବତା ।

କାହିଁ ସୁଖଲାଗେ ଜାଣେନି
ଅଥବା କବିତା କଥାରେ
ନିତିପ୍ରତି ଅନୁଚିନ୍ତା ।

ପ୍ରେମ ପୟୋଧିରେ ପାଇଛି
ଅବା ମୁଁ, ତୁମ ସାନ୍ନିଧ୍ୟର ମୟୂଖ,
ସ୍ମୃତିର ଉଖୁରା ଜ୍ୱଳନ୍ତ ଦୀପାଳି
ଦେଇଛି କିବା ମୋ ମନରେ ତୁମକୁ
ପାଖରେ ପାଇବା ସୁଖ ।

କବିତା କୀର୍ତ୍ତିର ବଂଧନୀ ମଧ୍ୟରେ
ତୁମେ ତ ଏବେ ବି ହୋଇଯାଅ ଅନୁପମା
ଜୀବନ ଯନ୍ତ୍ରଣା ମଝିରେ ସ୍ମୃତି
ଦିଏ ସୁଖ, ଭୁଲାଏ ବି ଦୁଃଖ
ସୁର ତୋଳେ ସାରେଗାମା ।

ପ୍ରିୟା ହସେ ସେଠି

ଆକାଶ ଯେଉଁଠି ମିଶିଛି ସେପଟେ
ଧୂଆଁ ଧରଣୀର ଧାରେ,
ପ୍ରିୟା. ହସେ ସେଠି ଫୁଲରେ ଫୁଲରେ
ଉପବନ ଉପାନ୍ତରେ ।

ସେଥିପାଇଁ ବୋଧେ,
ଦୂର ଦିଗ୍‌ବଳୟ ସବୁଜ ପ୍ରାନ୍ତର
ସବୁ ମୋ ପାଇଁ ପ୍ରିୟ,
ସେପଟ ଆକାଶ ଜୋଛନା ହସିଲେ
ମନ ହୁଏ ମଧୁମୟ ।

ଲାଲ୍ ଅରୁଣିମା ଦିଏ ଅବା ବିଞ୍ଚି
ପ୍ରେମ ଗୋଲାପର ରଂଗ,
ବାୟସ ସ୍ୱନରେ ଅବଗାହି ଉଠେ
ମୁଗ୍ଧ ମୟୂଖ ଭାବ ।

ସେଥିପାଇଁ ବୋଧେ,
ଦିଗନ୍ତ ଆକାଶ ଅଶାନ୍ତ ଦିଶେନା ।
ଦିଶେନି ମେଘର ଛାଇ,
ମନ ମଧୁପ ମୋ ଜାଗିଉଠେ ଅବା
ଫୁଲ ପାଖୁଡ଼ାରେ ଥାଇ ।

ଯୋଜନ ଯୋଜନ ଦୂରର ସେ ପାଖ
ଜଗାଏ ମନରେ ମାୟା,
ପ୍ରୀତିପର୍ଣ୍ଣା ସଖି, ଅନୁଭବ ଜାଗେ
ପାଶେ ପାତିଛି କି କାୟା ।

ସେଥିପାଇଁ ବୋଧେ,
ଦିଗନ୍ତ ସେ ପାଖୁ ଆସିଥିବା ପକ୍ଷୀ
ବିଧୁର ବେହାଗ ତୋଳେ,
ଭସା ବାଦଲର ବର୍ଷା ଅସରାରେ
ବେପଥୁ ମନରେ ଖେଳେ ।

ମୃଦୁ ମଳୟର ବିତୀର୍ଣ୍ଣ ବିନୋଦୀ
ଅନ୍ତରକୁ ଛୁଇଁଯାଏ,
ଗୋଧୂଳି ଧୂଳିରେ ମନ୍ଦ ମାଦକତା
ସଂଚରିତ ହୋଇଯାଏ ।

■■

ଅଳସ ଆଖିରେ ଘୁମନ୍ତ ସହର

ମନେପଡ଼େ ନାହିଁ କହିଥିଲି କେବେ
ଅଳସ ଆଖିରେ ଏଇ ଘୁମନ୍ତ ସହର
ଭଲ ମୋତେ ଲାଗେ ନାହିଁ ।

ତନ୍ଦ୍ରା ବିଜଡ଼ିତ ସ୍ୱପ୍ନ
ସ୍ୱପ୍ନ ଭିତରେ ତମେ
କେମିତି କହିବି ତନ୍ଦ୍ରାଛନ୍ନ ଏହି
ସହରଟା ଜମା
ଭଲ ମୋତେ ଲାଗେ ନାହିଁ ।

ସଂପର୍କର ଏଇ ପଥଟିଏ ମାତ୍ର
ସ୍ୱପ୍ନାଲୋକେ ଆଲୋକିତ,
ଘୁମନ୍ତ ବେଳାର ତନ୍ଦ୍ରାଖୋଳପାରେ
ମୁକ୍ତା ତମେ ପ୍ରତିଭାତ ।

କେମିତି କହିବି ଶୁଷ୍କ ପାଷାଣର
ନିରକ୍ଷ ସହର
ଭଲ ମୋତେ ଲାଗେ ନାହିଁ ।

ସପନ ସ୍ୟାହିର ସୁନେଲୀ ରଂଗରେ
ଆଙ୍କି ହୋଇଯାଏ ଛବି,
ମଧୁପ ଗୁଞ୍ଜନ ଶୁଭିଯାଏ ଅବା
ଫଗୁଣର ଫୁଲ ଭାବି ।

କେମିତି କହିବି ଧୂସର ଧୂଆଁରେ
ଆଚ୍ଛାଦିତ ଏଇ ନିଦ୍ରିତ ସହର
ଭଲ ମୋତେ ଲାଗେ ନାହିଁ ।

ତୁମେ ହୋଇଯାଅ କୃଷ୍ଣଚୂଡ଼ା ଫୁଲ
ଧୁ ଧୁ ଖରାବେଳେ,
ରଂଗର ରୋଶଣି ଖେଳିଉଠେ ଅବା
ମୋ ମନ ମଥାନ ତଳେ ।

ନିରସ ନିଥର ଏ ସହର ଯଦି
ଦେଲା ତୁମ ଅନୁଭବ,
କେମିତି କହିବି ଅଚଞ୍ଚଳ
ଏଇ ରାସ୍ତାର ସହର
ଭଲ ମୋତେ ଲାଗେ ନାହିଁ ।

ତମେ ସ୍ୱପ୍ନ ଶାମୁକାର ମୁକ୍ତା

ଏବେ ମୁଁ ଘୂରୁଛି ମଧୁପଟେ ହୋଇ
ତୁମ ଚାରିପଟେ
ତୁମେ ଢଳଢ଼ଳ କମଳ
ବହଳ ସ୍ୱପ୍ନରେ ବୈଶାଖର ତାତି
ରାସ୍ତା ପରେ ତୁମେ
କୃଷ୍ଣଚୂଡ଼ା ଛାଇ ଶୀତଳ ।

ନିରବ ଓଠର ରକ୍ତିମ ଆଭାରେ
ଆଙ୍କି ହୋଇଯାଏ
ଚିତ୍ର କେତେ ସତେ ମଧୁର
ଆଖି ଦର୍ପଣର ପ୍ରତିଛବି ତଳେ
ଖୋଜି ବସେ ଖାଲି
କେତେ ଯେ ରଂଗ ସେ ଫୁଲର ।

ସ୍ୱପ୍ନ ଶୀତଳର ଘୁମନ୍ତ ରାଜ୍ୟରେ
ତୁମେ ହୋଇଉଠ
ଫୁଟନ୍ତ ସତେଜ ସୁନ୍ଦର
ମଧୁ ମଳୟର ମନ୍ଦ ପ୍ରବାହରେ
ଭାସେ ତୁମ ବାସ୍ନା
ହୋଇଯାଅ ତୁମେ ନିଜର ।

ଚନ୍ଦ୍ରା ବିଜଡ଼ିତ ଆଖିରେ ଆଖିଏ
ସ୍ୱପ୍ନ ମଧ୍ୟରେ
ତମେ ସିନା ଏତେ ପାଖର
ହଜିଯାଏ ତନ୍ଦ୍ରା ଭାଜିଯାଏ ସ୍ୱପ୍ନ
ତୁମ ବ୍ୟତିରେକେ
ଜୀବନ ଯେମିତି ଅଂଧାର ।

କୁହ ସଖୀ ଆଉ କେତେଦିନ ତୁମେ
ସ୍ୱପ୍ନ ଶାମୁକାରେ
ମୁକ୍ତା ହୋଇ ଝଟକିବ
ମୋ ଗଳାର ମାଳା
କେତେଦିନ ଆଉ
ସଦା ସଫେଦରେ ରଂଗହୀନ ହୋଇଥିବ ।

■■

ମାଟି ଓ ଆକାଶ

ଆକାଶ ମାଟିକୁ ଚାହିଁ ହସିଦେଲେ
ହସନ୍ତ ସକାଳେ ସେ ବି ହସୁଥାଏ ।

କହେ ତୁମକୁ ମୁଁ ଭଲ ପାଏ
ତୁମକୁ ମୁଁ ଭଲ ପାଏ
ସକାଳ ଆକାଶ ଲାଲ ଅରୁଣିମା
ମାଟିର ଚିବୁକ ଚୁମେ ।

ଚେଇଁ ଉଠେ ପୃଥ୍ବୀ, ଶ୍ୟାମ ବନସ୍ପତି
ଭଲ ପାଇବାର ଚନ୍ଦନ ଚମକେ
ସ୍ୱର୍ଣ୍ଣାଭ ଜୀବନ ଜମେ ।

ମାଟି ମଥାନରେ ସକାଳ ସୂରୁଯ
ଦିଏ ପ୍ରୀତିମୟ ଉଷା
ସିନ୍ଦୂର ବିନ୍ଦୁରେ ଯେହ୍ନେ
ପ୍ରୀତି ପୟୋଧରା
ପ୍ରେୟସୀ ପ୍ରାଣରେ
ଉକୁଟେ ପ୍ରେମର ଭାଷା ।

ଆକାଶ ବତାସ ପ୍ରେମ ଅନୁପ୍ରାସ
ଧରଣୀ ଧାରରେ ତୋଳେ
ଭଲପାଇବାର ପ୍ରତିଶ୍ରୁତି ଜାଗେ
ଶୀତ ସକାଳର
ଦୂର ଦିଗ୍‌ବଳୟ ତଳେ ।

ବର୍ଷା, ପ୍ରେମମୟୀ

ବର୍ଷା, ବେପଥୁର ବେହାଗ ଶୁଣାଏ
ଗବାକ୍ଷ ସେପେଟ ରହି,
ଶୀତଳ ସମୀରେ ସଂଧ୍ୟା ନଇଁ ଆସେ
ପ୍ରେମ ପ୍ରୟାସରେ ଥାଇ ।

ଗହଳ ସବୁଜ ଶୈଳ ପରିଯନ୍ତେ
ରଂଗ ପ୍ରିୟା ପଣତର
ବର୍ଷା ବିନ୍ଦୁପାତେ ଶୀତ ସିନା ଆସେ
ଅନୁଭବ ଉଷ୍ମତାର ।

ଛାତ ମଥାନରୁ ରିମ୍ ଝିମ୍ ଝରେ
ବର୍ଷୁକ ବାଦଲ ଧାରା
ରୁଣୁଝୁଣୁ ଯେହ୍ନେ ପାଉଁଜୀ ପ୍ରିୟାର
ଉକୁଟେ ଦୁନିଆ ସାରା ।

ଘନ ମେଘ କୋଳେ ଚମକେ ବିଜୁଳି
ଚଉଦିଗ ଆଲୋକିତ
ଓଠୁ ଖସେ ଅବା ହସଟେ ତାହାର
ମନ ସରାଗରେ ପ୍ରୀତ ।

ପ୍ରିୟା! ସରାଗରେ ପ୍ରୀତିମୟ ହୁଏ
ବରଷା ବିଜନ ବେଳା
ମଧୁମୟ ହୁଏ ସଂଧ୍ୟା ଆସର
ମନେ ମୟୂଖର ଧାରା ।

ବିନ୍ଦୁ ବିନ୍ଦୁ ବର୍ଷା! ଜଳଧାର ହୁଏ
ଧାରହୁଏ ସ୍ରୋତସ୍ବତୀ
ଜୀବନର ଧାରା ବହିଯାଏ ଯେହ୍ନେ
ପ୍ରେମ ମନ୍ଦାକିନୀ ପ୍ରୀତି ।

କଥା ରଖିଥାଅ ପ୍ରିୟା

ଅନୁଢ଼ା କିଶୋରୀ
ସେତେବେଳେ ଗୋରୀ
ଝରଝର ହୋଇ
ଯାଉଥିଲ ଝରି
ହସେ ଫୁଟୁଥିଲା ମଲ୍ଲୀ ।

ମନ୍ଦ୍ର ମଦାଳସା
ଚନ୍ଦ୍ର ବଦନାଗୋ
କୋକିଳର କଣ୍ଠେ
ଯାଉଥିଲ ଭାସି
ପ୍ରୀତି ଅଂଗନରେ ବଲ୍ଲୀ ।

ଜୋଛନା ରାତିର
ଶୀତଳ ସମୀରେ
ମନ ଉପବନେ
ନିଆଁ ଲାଗୁଥିଲା,
ସରାଗ ରାଗର ତାତି ।

ବିନିଦ୍ର ରଜନୀ
ପାହୁଥିଲା ସଖି,
ପ୍ରଖର ଗତିର
ସମୟ ସାଥିରେ
ପ୍ରୀତି ଉଠୁଥିଲା ମାତି ।

ସ୍ୱପ୍ନ ଦୀପାଳିର
ଆଲୋକ ବର୍ଷାରେ
ବିଭୋରିତ ଅବା
ଅତନ୍ଦ୍ର ପ୍ରହରେ
ଅଭିଷିକ୍ତ ଥିଲ ତୁମେ ।

ବନ ଉପବନେ
ସରିତ ଅଥବା
ସାଗର ବେଳାରେ
ନୈଶ ଅଭିସାର
କେତେ ଯେ ରଚିଛେ ଆମେ ।

ଆଜି ଏତେ ଦିନେ
ଦେଖାହୁଏ ଯେବେ
ଜୀବନ ରାସ୍ତାର
ଛକ ପରେ କେବେ
ଅଚିହ୍ନା କିପାଇଁ ଆମେ ।

ଲୋକ ଅପବାଦେ
ଦୁନିଆକୁ ଡରି
ଜାଣି ଅଜଣାରେ
ବାଟ ଭାଂଗି ଗଲେ
ବଞ୍ଚିବା କେମିତି ଆମେ ।

ସତରେ ବାନ୍ଧବୀ
ଜୀବନ ଯଉର
ଜ୍ୱଳନ ମଧ୍ୟରେ
ଜଳିଯିବା ବେଳେ
ପ୍ରୀତିରେ ଲାଗଇ ନିଆଁ ।

ଏ ଜନ୍ମ ଯାଉଛି
ଆର ଜନ୍ମ ପାଇଁ
ପ୍ରେମ ବାଟିକାରେ
ସୁରଭୀ ବାଣ୍ଟିବା
କଥା ରଖିଥାଅ ପ୍ରିୟା ।

■■

ଶେଷ ଚିଠି

ଆନନ୍ଦିତା, ଆନନ୍ଦର ତରଂଗରେ
କେତେ ପ୍ରୀତିର ମହକ,
ଭୁଲିବାକୁ ଇଚ୍ଛା କଲେ ଭୂଲେ ନାହିଁ
ବଢ଼େ ବଂଧନ ଅଧିକ ।

ଗଲାବେଳେ ତୁମେ କହିଦେଇଗଲ
ସବୁ ସରିଗଲା ବୋଲି,
କଥା ଭୁଲିଯିବ ଅନ୍ୟ ଥର ଭଳି
ଭାବନାରେ ସେବେ ଥିଲି ।

ଏବେ ସ୍ମୃତିସବୁ ଲେଉଟିଲାବେଳେ
ପରତେ ନ ହୁଏ କେବେ,
ତୁମ ମୁଖଛବି ଚାରୁ ଚନ୍ଦ୍ରମାରେ
ଅତୀତ ଫେରଇ ଯେବେ ।

ପବନ ବତାସ ଦୂର ପରିଯନ୍ତେ
ଯହିଁଯାଏ ମାଡ଼ି ଅକ୍ଷି,
ତୁମେ ଦିଶିଯାଅ ସକଳ ସୁଠାମେ
ଭୁଲି ପାରୁନାହିଁ ସଖୀ ।

କଜଳ କବରୀ ସୁନୀଳ ନୟନ
ତୁମ ଆରକ୍ତ ଅଧର,
ନିରବ ଚାହାଣି ମଧୁ ହସରେଖା
ସବୁ ମନେପଡ଼େ ମୋର ।

ସଂପର୍କ କି ଏହି ସହଜ ଭଂଗୁର
ବଂଧନର ଚୋରା ବାଲି
ସତେ ଭାଂଗିଗଲା, କହିଦେଇଗଲ
ସବୁ ସରିଗଲା ବୋଲି ।

ପ୍ରୀତି ବଂଧନର ଫୁଲ ଫୁଟିଗଲେ
ସୁରଭି ସଞ୍ଚରେ ମନେ,
ବଂଧନର ବଂଧ ଭାଂଗିଯାଏ ନାହିଁ
ସାମୟିକ ଅଭିମାନେ ।

ସରାଗ ମନର ଭାଷାର ମହକ
କାଗଜେ ଲେଖୁଛି ଯାହା,
ତମେ କି ଜାଣନା କେତେ ସେ ଗଭୀର
ପ୍ରକୃତ ପକ୍ଷରେ ତାହା ।

ମନ ଉପବନେ ଲାଗିଗଲା ନିଆଁ
ଲିଭିବାର ଆଶା ନାହିଁ
ଅପବାଦ ସିନା ରଟନ୍ତି ସଭିଏଁ
ପ୍ରେମର ବିକଳ୍ପ କାହିଁ ।

ମୋ ବୁକୁରେ ଯାହା ଲେଖାହୋଇଅଛି
ତୁମ କପାଳର କୁଂକୁମେ,
ଲିଭିବନି ସଖୀ ଏ ଜନ୍ମରେ ତାହା
ସଦା ରହିଥିବ ମରମେ ।

ନିରବତା-ଅନ୍ତରତଳର କଥା

ନିରବ ମୁହଁର ନିରବ ଚାହାଣି
ଅନ୍ତଃ ସଲୀଳା ନଦୀ
ନିରବ ଓଠରୁ କଥା ଶୁଭେ ନାହିଁ
ଭାବନା ଅନ୍ତର ଭେଦୀ ।

ଶୁଣିବା ଲୋକଙ୍କୁ ଶୁଭେ ନାହିଁ ସିନା
ସେହି ଭାବନାର କଥା,
ଜୀବନ ଯଉର ଜଳନ ଯୋଗାଏ
ମନରେ ଅବ୍ୟକ୍ତ ଗାଥା ।

ମନ ତଳ ଭାଷା ନିରବେ ଉକୁଟେ
ଛବି ତୋଳଇ ଆଖିରେ
ପରଦା ପଛର ଘଟଣା ପ୍ରବାହ
ଭାସି ଉଠଇ ମୁହଁରେ ।

ଚାଲିବା ପଥରେ ସାଥି ହୋଇଥାନ୍ତି
କେତେ ଜନ ପରିଜନ
ନିରବ ଓଠର ଭାଷା ବୁଝିବାରେ
ସମର୍ଥ କେତେଟା ମନ ।

ଅନ୍ତରକୁ ଛୁଏଁ କେତେ ଜଣଙ୍କର
କର୍ତ୍ତବ୍ୟର ଗଭୀରତା
ଦୁନିଆର ଏତେ ଭିଡ଼ଭାଡ଼ ମଧ୍ୟେ
କିଏ ବୁଝେ ନିରବତା ।

ମନଗହନର ଏହି ନିରବତା
ଭାଷା ଅଲେଖା ଲିପିର
ପଢ଼ିପାରେ ଯିଏ ଅନ୍ତରକୁ ଛୁଇଁ
ବଂଧୁ ସେ ନିକଟତର ।

ବାଲିଯାତ୍ରା, ବାଲିଘର

ଫେରିଛି ସେ ବାଲିଯାତ୍ରା
ଆସିଛି ବରଷକ ପରେ ।
ତୁମେ କ'ଣ ଜାଣନାହିଁ,
ନାଁ ତୁମ ଲେଖାଅଛି
ବାଲିଯାତ୍ରା ପଡ଼ିଆରେ,
ବାଲି ଶଯ୍ୟା ପରେ ।

ଅଦୂରରେ ସହରର କୋଳାହଳ,
କାର୍ତ୍ତିକର ଶେଷ ଜହ୍ନରାତି,
ମହାନଦୀ ନଈପଠା,
ଜୋଛନାର ବିମୁଗ୍ଧ ପ୍ରଲେପ,
ସପନରେ ବୁଲିଥିଲାବେଳେ
ଆମେ ଦୁହେଁ
ରଚିଥିଲେ ଘର ବାଲିରେ ବାଲିରେ ।

ମନେପଡ଼େ ନାହିଁ କିବା
ଚୁଡ଼ି ଅବା ମନୋହାରି
ଦୋକାନରେ ବାଧ୍ୟକରି
ତୁମକୁ କିଣିଦେଲାବେଳେ

ମୋ ଆଖିରେ ଆନନ୍ଦର ଢେଉ,
ଅଥବା ତୁମକୁ
ଭିଡ଼ରେ ଖୋଜୁଥିଲାବେଳେ
କାନ୍ଦିବାର ଅନୁକ୍ରମ ଖୋଜୁ-ଥାଉ ଥାଉ ।

ଏବେ ତୁମେ କେତେଦୂରେ କେଉଁଠାରେ
କାହାର ବା କଣ୍ଠଲଗ୍ନା ବଧୂ
ଅତୀତଟା ତୁମ ପାଇଁ
ମୂଲ୍ୟହୀନ ଭଗ୍ନ ବାଲିଘର,
ନିହାତି ନିଥର ।

ସତ ଯଦି ଏଇ କଥା,
ଜାଣିଲେ ହିଁ କବି ହେବ ଭାଗ୍ୟବାନ,
ତୁମେ ବାଲିଘର
ଭଗ୍ନସ୍ତୂପ ପରେ
ଗଢ଼ିଛ ସୁଖର ସଂସାର ।

■■

ନୀଳଜହ୍ନ ରାତିର ସ୍ୱପ୍ନ

ସେଦିନ ବି ଥିଲା ନୀଳ ଜହ୍ନରାତି
ଆଜି ମନେ ପଡ଼େ ଯାହା
ପୂର୍ଣ୍ଣମୀ ଆସର ଉଠିଥିଲା ମାତି
ପ୍ରୀତି ପୀୟୂଷର ମାୟା ।

ମନ୍ଦ ମଳୟର ମଦିରା ଆକଣ୍ଠେ
ଆବୃତ ଥିଲା ମୋ ମନ
ତୁମେ ହୋଇଥିଲ ରଜନୀ ଗୋପନେ
ଅତନ୍ଦ୍ରର ଅଭିମାନ ।

ଆଜି ପୁଣି ଉଠେ ନୈପଥେ ନିକ୍ୱଣ
ବିକୀର୍ଣ୍ଣ ଜୋଛନା ଧାରେ
ତୁମ ପରଶର ସ୍ମୃତି ସବୁ କିଂବା
କର ପ୍ରସାରିତ କରେ ।

ନୀଳ ଆକାଶରୁ ସଫେଦ ଜୋଛନା
ତରଂଗର ପ୍ରବାହିତ
ଦିଗ୍‌ବଳୟର ଶ୍ୟାମ ବନସ୍ପତି
ନୀଳ ନଭେ ପ୍ରସାରିତ ।

ଜହ୍ନ ଦିଏ ସ୍ୱପ୍ନ ଉଷ୍ମ ଅନୁଭବ
ମୁଗ୍ଧ ମୟୂଖରେ ସିକ୍ତ
ଅସରା ଆନନ୍ଦ ଭରିଯାଏ ଅବା
ଶୁଷ୍କ ବନ କୁସୁମିତ ।

ଜହ୍ନ କୋଳେ ତୁମ ରୂପ ଅନୁରୂପ
ମୋ ଆଖିରେ ହୁଏ ଉଭା
ଶୀତ ସମୀରର ରାତି ଉଜାଗର
ବଢ଼ାଏ ପ୍ରୀତିର ଆଭା ।

ତମେ ଏବେ ସଖୀ ଯୋଜନ ଦୂରରେ
କରିଛ ଆକାଶେ ଘର
ପ୍ରେମ ପଉଷର ରାତିର ଜହ୍ନରେ
ଦେଖେ କିନ୍ତୁ ବାର ବାର ।

ମନ ଉପବନେ ଘୂରେ ପ୍ରଜାପତି
ଶୁଭ୍ରରାକା ରଜନୀରେ
ସେଦିନର ସ୍ମୃତି ଉଠେ ଅବା ମାତି
ତନ୍ଦ୍ରାହୀନ ସପନରେ ।

■■

ଏଇ କଥା ଥିଲା

ଶୀତ ସମୀରର ସୁଧା ସମୀପରେ
ମାତି ଉଠେ ସିନା ମନ
ତୁମେ ନାହଁ ଯେଣୁ ହାତ ପାହାନ୍ତାରେ
ଉକୁଟଇ ଅଭିମାନ । (୦)

ସାଥେ ସାଥେ ଆମ ପାଦ ପଡୁଥିବ
ଜୀବନର ପଥ ପରେ
ଜୀବନ ନଉକା ଏକାଠି ବାହିବା
ସମୟର ନଈ ଧାରେ
ଫୁଲରେ ଫୁଲରେ ପୀରତି ଜାଗିବ
ମୋହନ ବଂଶୀର ସ୍ୱନ । (୧)

ଏଇ କଥା ଥିଲା ଜୀବନ ଆରମ୍ଭେ
ପ୍ରେମ ଥିଲା ଚିରନ୍ତନ
କେଜାଣି କାହିଁକି ହେଲା ନାହିଁ ତାହା
ଦେବ କିଏ ତା’ ସଂଧାନ
ପ୍ରେମ ପଉଷର ନିଃସଙ୍ଗ ରାତିରେ
ଏବେ ଦିଶେ ମଳାଜହ୍ନ । (୨)

■■

ସମୟ ରହିଛି ସାକ୍ଷୀ

ଅନ୍ତର ତଳର ଗୋପନ ରାଇଜେ
ମନ ମୋ ଯାଇଛି ଲାଖି
ସରାଗ ସପନେ ତୁମେ ଦେଖେ ନିତି
ବୁଝନି କିମ୍ପାଇ ସଖୀ । (୦)

ମନ୍ଦ ମଳୟର ନିମଗ୍ନ ପ୍ରହରେ
ବରଷେ ସୁଧାର ଧାରା
କାରଣ ଖୋଜିଲେ ତୁମ ପ୍ରତିଛବି
ସପନ ରାଇଜ ସାରା
ପରତେ ହୁଏନି ସତେ ଦେଖା ହେବ
ଜୀବନ ପଡ଼ିଛି ବାକି । (୧)

ତନୁ ଅତନୁରେ ପରଷ ଟିକିଏ
ଜୀବନ ଜିଇବା ପାଇଁ
ସମୟ ସୁଅରେ ଭାସିଗଲା ବେଳେ
କହେ କିଏ ରହି ରହି
ତପତ ନିଦାଘେ ଛାଇ ମୋର ଥିଲ
ସମୟ ରହିଛି ସାକ୍ଷୀ । (୨)

ସତେ ହସିଉଠ ଏବେ

ହେ ପ୍ରେୟସୀ ତୁମ ପୀରତୀର ଛବି
ମଳିନ ପଡ଼ିନି କେବେ
ଦେଇଥିବା ତୁମ ପୀରତି ମନ୍ତର
ପ୍ରତିଧ୍ୱନି ହୋଇ ଶୁଭେ । (୦)

ଲାଲ ଅରୁଣିମା ପ୍ରଭାତେ ଅଥବା
ଗୋଧୂଳି ଧୂଳି ଲଗନେ
ରୁପେଲୀ ଜୋଛନା ରାତି ଗହଳରେ
ଅମଳିନ ତୁମେ ମନେ ।
ମନ ଗହନର ସବୁଜ ଘାସରେ
ଫୁଲ ହୋଇ ଦିଶ ଏବେ । (୧)

ଜୀବନ ଯଉର ଜଳନ ଚାହୁଁଛି
ପୀରତି ବରଷା ତୁମ
ଚୂର୍ଣ୍ଣ ଚିକୁରର ଗହଳ ଗଭାରେ
ହଜିଯିବା ଅନୁକ୍ରମ
ସପନ ସୂରୁଯ ବିଛି ହୋଇଯାଏ
ସତେ ହସି ଉଠ ଏବେ । (୨)

ପ୍ରେମ ପୁଷ୍ପାଞ୍ଜଳି

ହେ ପ୍ରେୟସୀ ମୋର ଦୁନିଆ ଦୁଆରେ
ଲାଗୁଥାଉ ନିତି ରାସ
ପ୍ରୀତି ବିଜଡ଼ିତ ରଂଗ ଜମକରେ
ଖେଳୁଥାଉ ତୁମ ହସ । (୦)

ତୁମ ଅଭିମାନ ମୋ' ପାଇଁ ଲେଖୁ
ପ୍ରଣୟର ନୂଆ ଭାଷା,
ମନ ଖୋଜୁଥାଉ ତୁମରି ପରଷ
ଜୀବନ ଜିଇବା ଆଶା ।
ବାଧାରେ ବାଧିତ ତୁମ ପାଇଁ ମୋର
ଅଭିସାର ଅଭିଳାଷ । (୧)

ଏ ଜନ୍ମ ଯାଉଛି ଯାଉ ପଛେ ସରି
ତୁମ ଅନୁଭବ ନେଇ
ପ୍ରେମ ପୁଷ୍ପାଞ୍ଜଳି ସତେକି ପାଇବି
ସମାଧି ଭିତରେ ଥାଇ
ସମୀପ ସୁଧାର ଧାରା ହେବ ସେଇ
ସମ୍ପର୍କର ଅବଶେଷ । (୨)

ଅଶ୍ରୁଗୋ ତୁମେ...

ଅଶ୍ରୁଗୋ ତୁମେ ବେଦନା ନଦୀର
କୂଳ ଲଂଘୁଥିବା ଧାର,
ପ୍ରେୟସୀ ଆଖିରେ ସୁଖର ସନ୍ଦେଶ
ଅନୁଭବ ବିଚ୍ଛେଦର । (୦)

ତୁମେ ବିରହିଣୀ ମନ ଗହନରେ
ଶୀତଳ ଶାନ୍ତିର ଭାଷା
କେବେ ରଜନୀର କାଳି ଅଂଧକାର
କେବେ ଅରୁଣିମା ଉଷା ।
ଅଶ୍ରୁଗୋ ତୁମେ ଦୁଃଖି ମଣିଷର
ବଂଧୁ ଅତି ଆପଣାର । (୧)

ଆୟତ ଆଖିରେ ଅଭିମାନ ପାଇଁ
ତୁମେ ଅବା ସୁଶୋଭିତ,
ଦୁଃଖ ସରିଯାଏ ତୁମ ପରଷରେ
ସୁଖ ହୁଏ ବିରାଜିତ ।
ଅଶ୍ରୁଗୋ ତୁମେ ଉପବନ ଧାରେ
ମିଳନ ବଂଶୀର ସୁର । (୨)

ଅଭୁଲା ତୁମର ହସ

ହେ ଉଦାସୀ ମୋର ସପନ ସଂଗିନୀ
ସପନରେ ଯେବେ ଆସ
ମୟୂଖ ମାଳାରେ ହସେ ଚଉଦିଗ
ରଜନୀଗଂଧାର ବାସ । (୦)

ମନ ମଳୟରେ ରୁପେଲୀ ଜୋଛନା
ଏକାନ୍ତ ମୋ ଅନୁଭବ
ସପନ ବାଲିରେ ତୁମ ପଦଚିହ୍ନ
ସୁଖ ଦିଏ ଅଭିନବ
ଅନ୍ତର ତଳର ଗୋପନ ଅଂଗନେ
ଅଭୁଲା ତୁମର ହସ । (୧)

ତୁମ ଓଠ ଧାରେ ହସ ସତେ ଅବା
ବିଞ୍ଚିଦିଏ କେତେ ରଂଗ
ପ୍ରୀତି ପଲ୍ଲବିନୀ ସବୁଜିମା ତୁମ
ଅନୁପମ ଅନୁରାଗ
ତୁମ ପାଇଁ ସିନା ସରାଗ ରାଗରେ
ତୋଳିଛି ମୁଁ ଅଭିଳାଷ । (୨)

ପ୍ରିୟାଗୋ...

ଧୂସର ଧୂଆଁର ଧରଣୀର ଧାରେ
ତୁମେ କୃଷ୍ଣଚୂଡ଼ା ଫୁଲ
ଖରାବେଳଟାର ଧୁ ଧୁ ଧାସେ ତୁମେ
ଶୀତଳ ଅମୂଲ ମୂଲ । (୦)

ପ୍ରିୟାଗୋ ତୁମରି ଅଧର ହସରେ
ଖେଳେ ମୋ ଜୀବନ ରେଖା
କୁଙ୍କୁମର ଟିପା କପାଳେ ତୁମର
ତୋଳେ ବଇଭବ ଶିଖା
ପୁନେଇ ଜହ୍ନର ସପନ ରାତିରେ
ତୁମେ ଚାନ୍ଦିନୀର ତୁଲ । (୧)

ଚନ୍ଦନ ବନର ମନ୍ଦ ମଳୟଗୋ
ଝରୁଛି ପରଶ ତୁମ
ଶୀତ ସକାଳର ଉଷ୍ଣତା ଆଗୋ
ଚାହିଁଛି ଚାତକ ସମ
ପାବନ ପୁଷ୍ଟିର ଜୀବନ ପାଇଁକି
ତୁମେ ଜାହ୍ନବୀର ଜଳ । (୨)

■■

ଆଗୋ ନୀଳକଇଁ ...

ଦୂର ଦିଗନ୍ତରେ ସୂରୁଯ ନଉଁଛି
ରଜନୀ ଆସୁଛି ଧୀରେ
ଶୀତ ସମୀରର ଚାନ୍ଦିନୀରେ ତୁମ
ପ୍ରୀତି ପରଶକୁ ଝୁରେ । (୦)

ମନ ଅଂଗନର ନିଷିଦ୍ଧ ଅଞ୍ଚଳେ
ଛବି ତୁମ ଶୋଭା ପାଏ
ରୁପେଲୀ ଜୋଛନା ଜୁଆର ମଝିରେ
ବାସନା ମହକିଯାଏ
ଫୁଲରେଫୁଲରେ ରଂଗ ଉଠେ ମାତି
ତୁମ ପ୍ରେମ ଉଜାଣିରେ ... । (୧)

ଗୋଧୂଳି ଧୂଳିର ଧୂମ ପଟଳରେ
ସାଜ ତୁମେ ଲଜ୍ଜାବତୀ
ଅକ୍ଷି ପହଁରଇ ଦୂର ଦିଗନ୍ତକୁ
ଖୋଜେ ଅଭିସାର ରାତି
ଆଗୋ ନୀଳକଇଁ ତୁମ ପ୍ରୀତି ପାଇଁ
ଚାନ୍ଦ ହସେ ଆକାଶରେ । (୨)

ବର୍ଷାଗୋ ... (୧)

ଗ୍ରୀଷ୍ମ ପ୍ରପୀଡ଼ିତ ବାଲୁବନ୍ତ ପରେ ଆଶ୍ରିତ ମୁହିଁ
ମୁଁ ଯେ ନିପୀଡ଼ିତ ଲତା,
ଲହ ଲହ ଲାଭା ଜାଳି ଦେଇଗଲା ଦୁନିଆଟାଯାକ
ଲିଭିଥିଲା ମୋର ସତ୍ତା । (୦)

ମରୁ ମରୀଚିକା ଛଳନା ଚମକେ
ଭୁଲି ଯାଇଥିଲି ତୃଷା
ତୁମ ଆଗମନେ ବଞ୍ଚି ମୁଁ ଉଠିବି
ତୁମେ ଶୀତଳ ସନ୍ଧ୍ୟାର ବର୍ଷା ।
(କଳାମେଘ) ତୁମ ପଣତ କାନିରେ ଘୋଡ଼ାଇଛ ଯେଣୁ
ନାହିଁ ମୋ ସୂରୁଯ ଚିନ୍ତା । (୧)

ବର୍ଷାଗୋ ! ତୁମେ ଆସିଛ ଶୀତକୁ ନେଇ
ଆସିଛ ମଳୟ ନେଇ,
ସେଥିପାଇଁ ସିନା ରହିଥିଲି ମୁଁ ଯେ
ସୂରୁଯ ତାତିକୁ ସହି ।
ନବପଲ୍ଲବିତ ମୋ ଦେହରେ ଏବେ ତରଙ୍ଗ ମେଲିଛି
କମନୀୟ ତା'ର ବାର୍ତ୍ତା । (୨)

■■

ବର୍ଷାଗୋ ... (୨)

ଦିଗନ୍ତ ସେପାଖୁ ଆସିଅଛ ଭାସି
କୃଷ୍ଣାଂଗ ମେଘର ଦୋଳାରେ
ଆକାଶେ ବତାସେ ତୁମ ଶୀତଳତା
ଭରିତ ଯାଇଛି ମନରେ । (୦)

ଚମକେ ବିଜୁଳି ବାଦଲ କୋଳରୁ
ବରଷେ ମୁକୁତା ଧାରା,
ତାତି ତରଂଗର କଷଣ ସରିଛି
ଆହା କି ଶୀତଳ ଧରା ।
ଧୂସର ଧୂଳିର ଧରଣୀ ହସଇ
ଘନ ସବୁଜ ରଂଗରେ । (୧)

ପ୍ରଲମ୍ବିତ ତୁମ ବର୍ଷିବାରେ ହେଉ
ସପନ ସବୁରି ସାର୍ଥକ
ବନ ଉପବନେ ଖେଳିଉଠୁ ଏବେ
ଫୁଟନ୍ତା ଫୁଲର ମହକ
ତଟିନୀ ତଟାଗେ ଜଳ ଜମକାଅ
ମନ୍ଦ ମଳୟର ସାଥିରେ । (୨)

ପ୍ରୀତିର ସନେଟ୍ - ୨

ଶୀତ ସକାଳରେ ଉଷ୍ମତା ଜାଗେ ଅଭିଳାଷ ଅଭିନବ,
ତୁମ ସୁର ସାଥେ ସଙ୍ଗୀତ ସାଜିବ ମୋ କବିତା କଥାର ଭାବ ।
କବିଟିଏ ବୋଲି ଲେଖୁଛି କବିତା ତୁମ ଫୁଲରେ ମଧୁପ ହୋଇ
ଭଲ ପାଇବାର ପ୍ରତିଧ୍ୱନି ତୋଳେ ବିଧୁର ବିତାନେ ରହି ॥

ଅତନ୍ଦ୍ର ଅକ୍ଷିରେ ଅଜସ୍ର ସପନ ତୁମ ପାଇଁ ଦେଖାହୁଏ,
ପାଷାଣର କୀର୍ତ୍ତି କୋଣାର୍କ ଭାଷା ଭାବନାରେ ରୂପ ପାଏ ।
କେ ଦେଇଛି ମୋତେ କବିର ମାନ୍ୟତା ପରଖି ତ ନାହିଁ କେବେ,
ସୁର ସଙ୍ଗମରେ ଭଲ ପାଇବାର ଜ୍ୟୋସ୍ନା ବିଚ୍ଛୁରିତ ଅବା ନଭେ ॥

କବିତା ଲତା ମୋ ଆଶ୍ରୟ ଖୋଜେ ତୁମ ମନ ନିବିଡ଼ତା,
ଦୁନିଆ ଦୁଆରେ ଗୁଞ୍ଜରିତ ଅବା ନିରୁତା ପ୍ରେମର ବାର୍ତ୍ତା ।
ମୁଁ ଚାହେଁନି କେବେ ମୋ ଭାଷା ଭାବନା ମୁଦ୍ରଣରେ ପରକାଶ,
ମୁଁ ଚାହେଁନି କେବେ ଶୁଷ୍କ ସମୀକ୍ଷାରେ ବଢ଼ିଯାଉ ମୋର ଯଶ ॥

ନିରବ ମୋ ଭାଷା ଯଦି ଖୋଜେ ତୁମ ସୁର ସାଥେ ଅଭିନ୍ନତା,
ସେଇ ହେବ ମୋର କବି ଜୀବନର ଅମଳିନ ସାର୍ଥକତା ।

ପ୍ରୀତିର ସନେଟ୍ -୩

ବର୍ଷଟା ଚାଲିଯାଏ ଏତେଶୀଘ୍ର କେମିତି କେଜାଣି
ଭୟ ମୋର, ତା' ସାଥିରେ ସାଥି ହୋଇ ମାଗିବ ମେଲାଣି ।
କହିଥିବା କଥା ତମେ ନିଶ୍ଚେ ଭୁଲି ଯାଇଥିବ,
ଅଥବା ଆହତ ଅଭିମାନର ସମୟ ବାଛିବ ।

ବର୍ଷଟା ଚାଲିଯାଏ ଏତେଶୀଘ୍ର କେମିତି କେଜାଣି
କାଲିଥିଲା ନୂଆ ଯିଏ ଆଜି ସିଏ ପୁରୁଣା ହେଲାଣି ।
ପ୍ରତିବିମ୍ବିତ ଦୃଶ୍ୟ ପରେ ଦୃଶ୍ୟ ମୋ ମନ ଆଇନାରେ
ସବୁ ଅସ୍ଥିର ଚଳମାନ ରଖି ସ୍ଥିର ତୁମକୁ ମଝିରେ ।

ବର୍ଷଟା ଚାଲିଯାଏ ଏତେଶୀଘ୍ର କେମିତି କେଜାଣି
ସାଥେ ନେଇ ପୌଷର ଶିଶିର ଅବା ଶ୍ରାବଣ ବର୍ଷାର ଉଜାଣି ।
ସମ୍ପର୍କର ସେତୁ ପରେ ତୁମେ ମୋର ପ୍ରେମର ପ୍ରତିମା,
ପ୍ରଭାତର ଦିଗ୍‌ବଳୟ ଧାରେ ଆଶା ଅରୁଣିମା ।

ନୂଆବର୍ଷ ଆମ ପାଇଁ ନୂଆ ରୂପ କିଛି, ନ ରଖ ବି ଥାଉ
ଖାଲି ପ୍ରୀତି ଲଗ୍ନା ମୁହୂର୍ତ୍ତ ସବୁକୁ ପ୍ରଲମ୍ବିତ କରୁଥାଉ ।

■■

ସ୍ୱଗତୋକ୍ତି

ଏତେ ଦିନ ପରେ ତମ କଥା ଏବେ
କାହିଁକି ବା ପଡ଼େ ମନେ,
ନିଜେ ନିଜକୁ ବି ପଚାରି ବସିଲେ
ଉତ୍ତର ଆସେନି ମନେ ।

ନିଜ ମନ ବୋଧେ ସବୁଠୁ ଅବୁଝା
ବୁଝେ ପୁଣି ବୁଝେ ନାହିଁ
ହଜିବା ଦରବେ ଆଶା ବଢ଼େ ବୋଧେ
କଥାଟି ଅଛି ତ ରହି ।

ଏବେ ନାହିଁ ବୋଲି ହାତ ପାହାନ୍ତାରେ
ପଶ୍ଚାତାପେ ବଞ୍ଚିଥାଇ,
ବୁଝାମଣା କେବେ କା ସାଥେ କରିବି
ଏମିତି ବି ଭାବୁଥାଇ ।

କେବେ ଲାଗ ତୁମେ ସୁମଧୁର ସତ୍ୟ
କେବେ ଦୁଃସ୍ୱପ୍ନର ଛାଇ,
କେବେ ହୋଇଯାଅ ମନର ମୟୂରୀ
କେବେ ଖରସ୍ରୋତା ନଈ ।

ଭାବନା ମୋ ଏବେ ଅନ୍ତର ତଳରେ
ତୁମ ପାଇଁ ଆବେଗିତ,
ମନ ଅଙ୍ଗନରେ ତୁମେ କି ଆଙ୍କୁଛ
ଅତୀତ ସମ୍ପର୍କ ଚିତ୍ର ।

ଛାଡ଼ି ଆସିଥିବା ପଥ ବହୁଦୂର
ସଠିକ୍ ବି ମନେ ନାହିଁ
ତଥାପି ନିଶ୍ଚିତ କରିଛି ମୁଁ ମନେ
ତୁମକୁ ଭେଟିବା ପାଇଁ ।

■■

ବିରହର ସ୍ୱର

ଆଖିର କଜଳ ଆଉ ନାସିକା ବସଣୀ,
ସାଜିଥିଲି ସତେ ଗଳାରେ ତୁମର
ମୁକୁତା ମହାର୍ଘ ମାଳି ।
ଗାଉଥିଲ ଗୀତ ସୁର ଲହରାଇ
ଜାଣିନଥିଲି ମୁଁ ତା'ର ମାନେ ।
ତୁମ ସୁର ସାଥେ
ତାଳ ଲୟ ମୋର କେମିତି ମିଶିଲା
ଆଜି ବି ହୁଏ ନାହିଁ ମନେ ।
ପ୍ରେମମୟ କିନ୍ତୁ ହୋଇଥିଲା ସେବେ
ପାରୁଶ ପ୍ରାନ୍ତର
ଆମ ସଙ୍ଗୀତର ତାନେ ।
ରଙ୍ଗ ଲାଗିଥିଲା ଧୂସର ମରୁରେ
ବରଷା ବିଧାନ ଯେହ୍ନେ ।
ଏବେ ପଥଶ୍ରାନ୍ତ ମୁହିଁ ପଥିକ ମାତର
ପଥ ପ୍ରାନ୍ତ ଭାଗେ,
ଛାଡି ଆସିଥିବା ଦରବ ଖୋଜୁଛି
ଯାହା ମୋ ପାଇଁ ଆବିଷ୍ଟ ଅମୂଲ୍ୟ
ପ୍ରେମ ପ୍ରୀତି ଅନୁରାଗେ ।

ଅଭିପ୍ସା

ବୈଶାଖର ବର୍ଷା ଅଦିନିଆ
କଲା ଆନମନା।
ମାଟିର ବାସ୍ନାରେ ଆସୁଥିବା
ତୁମ ଭାବନାରେ କାହିଁ
ଭିଜିଗଲା ମନମୋର
ଏତେ ସବୁ ଦିନ ଅତିକ୍ରାନ୍ତ ପରେ।
ଭିଜିଗଲା ମନ ମୋର
ଝିପ୍ ଝିପ୍ ବର୍ଷାରେ ଶୀତଳ ବାଆରେ।
ଭିଜାଇଲି ନିଜକୁ କାହିଁକି ଖୁସିରେ ।
ବିରାମ କେମିତି ଗୋଟେ
ଆସିଗଲା ବୋଧେ
ଅନ୍ତଃହୀନ ପ୍ରତୀକ୍ଷାରେ,
ଉଷର ବେଳାରେ
ଶିତଳ ସମୀରେ।
ବୈଶାଖର ବର୍ଷା ଅଦିନିଆ
କାଳ ନୁହେଁ, ନୁହେଁ କଳଙ୍କିତ,
ମୋ ମନରେ ଅଭିପ୍ସା
ରାଗର ସଙ୍ଗୀତ।

ରଜନୀଗନ୍ଧା

ଶୀତଳ ସନ୍ଧ୍ୟା, ଆଲୁଅ ଛାଇ
ଆଖିରେ ଆଙ୍କେ ଆଖିଏ ସ୍ୱପ୍ନ
ନୀଳ ଜହ୍ନ ରାତିଟା ପାଇଁ।
ହସିତ ପାଖୁଡ଼ା ରଜନୀଗନ୍ଧା
ପ୍ରୀତି ପ୍ରିୟାର ମହକ ଢାଳେ
ସପନ ତା'ରେ ହଜିବା ପାଇଁ।
ବନ୍ଦୀ ମୁଁ ସେଠି ପ୍ରିୟାର କାରାଗାରେ
ଅନୁଭବେ ଜାଗେ ପ୍ରୀତି ଝଙ୍କାର
ସ୍ୱପ୍ନ ସ୍ନାୟୁର ତାରେ।
ରୂପେଲି ଜ୍ୟୋସ୍ନାର ତରଙ୍ଗ ମାଳା
ଅନବଦ୍ୟ ସିଏ ତୋଳଇ ଅବା
ପ୍ରୀତି ମୟୁଖ।
ଭୁରୁ ଭୁରୁ ବାସେ ରଜନୀଗନ୍ଧା
ସଜାଡେ ମୋ ହୃଦେ
କେତେ ଯେ ଭରା ଅନିନ୍ଦ୍ୟ ସୁଖ।
ମନମୋ ବନ୍ଧା ପଡ଼ିଛି ସେଠି
ପ୍ରିୟା ପାଦ ପାଉଁଜି
ଆବାଜେ ଲୋଟି।
ଗୁଣୁ ଗୁଣୁ ଅବା ସ୍ୱଗତ କରେ,
ବରଷି ଯିବି ରଙ୍ଗିନ୍ ହୋଇ
ପ୍ରେୟସୀ ପ୍ରାଣ ଅଗଣା ଠାଇଁ।
ଚୁମିବି ତା'ରେ ଭ୍ରମର ହୋଇ।
ଚୁମିବି ତା'ରେ ଭ୍ରମର ହୋଇ।

ଲାଲ କରବୀ'ର ମାୟା

ମୋ ପର୍ଣ୍ଣ କୁଟୀର ସବୁଜ ଶ୍ୟାମରେ
ଭଲ ପାଇବାର ଅନନ୍ୟ ମୋ ଅନୁଭବ।
ଲାଲକରବୀ ଫୁଲର ଉହାଡରୁ
ଉଦିତ ସୂର୍ଯ୍ୟ,
ପ୍ରିୟା କପାଳରେ ଲାଲ କୁଙ୍କୁମର ବିନ୍ଦୁ।
ସୁଲୁ ସୁଲୁ ପବନରେ ରୋମାଞ୍ଚ
ପ୍ରଥମ ପ୍ରେମର ଅବଗାହନ।

ଫୁଲେଇ ବର୍ଣ୍ଣାଳୀର ଚିକ୍‌ଚିକ୍ ଚମକୁ ଥିବା
କଥା କୁହା ଓଠର ଫାଙ୍କରୁ
ମନକଥା ଶୁଣିବା ପ୍ରତୀକ୍ଷାରେ
ମୁଁ ଦଣ୍ଡାୟମାନ ହେଉଥିବି, ଶୁଣୁଥିବି
ପ୍ରେମର ଅନବଦ୍ୟ ସାୟେରୀ।

ସବୁଜ ଘାସର ଗାଲିଚାରେ
ବିଞ୍ଚି ହେଉଥିବା ସ୍ୱପ୍ନ ସବୁ
ଗୋଟାଉଥିବି, ଅନୁଭବ କରୁଥିବି
ଭଲ ପାଇବାର ସିକ୍ତ ମାଧୁରୀ।

ଲାଲ କରବୀ ଫୁଲର ସ୍ପର୍ଶ,
ରକ୍ତିମ ଅଧରର କୋମଳ ଚୁମ୍ବନରୁ
ଖୋଜୁଥିବି ବଞ୍ଚିବାର ମୋହ,
ବଞ୍ଚିବାର ମୋହ।

■■

www.ingramcontent.com/pod-product-compliance
Lightning Source LLC
Chambersburg PA
CBHW031126080526
44587CB00011B/1137
9781645601340